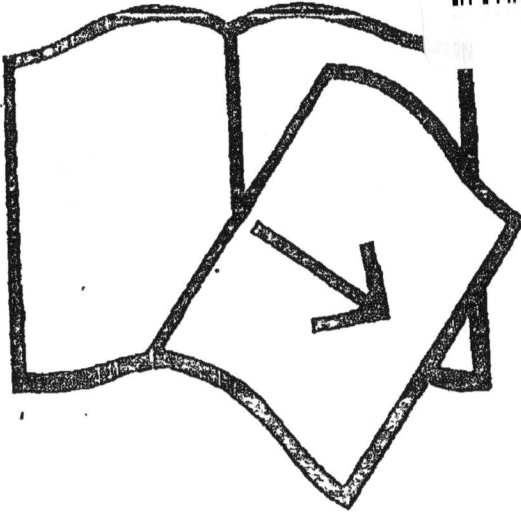

Couvertures supérieure et inférieure
manquantes

CARTULAIRE

DE L'ABBAYE

DE

SAINT-CALAIS

MAMERS. TYP. G. FLEURY ET A. DANGIN. 1888.

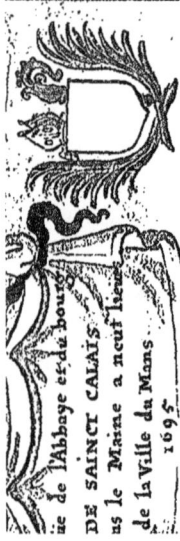

... de l'Abbaye et du bourg
DE SAINCT CALAIS
...us le Maine a neuf li...
de la ville du Mans
1695

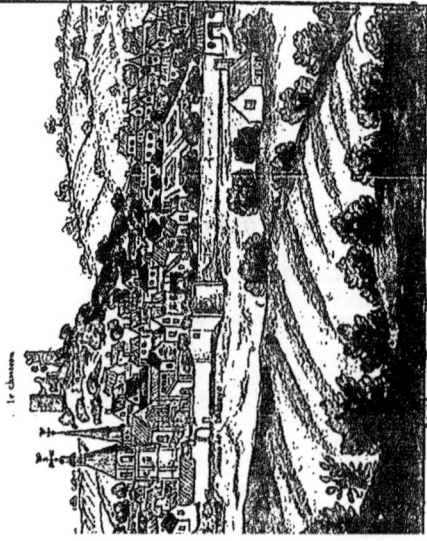

le chasteau

SOCIÉTÉ HISTORIQUE ET ARCHÉOLOGIQUE DU MAINE

CARTULAIRE

DE L'ABBAYE

DE

SAINT - CALAIS

PUBLIÉ

PAR L'ABBÉ L. FROGER

MAMERS

G. FLEURY ET A. DANGIN

IMPRIMEURS

Place des Grouas.

LE MANS

PELLECHAT

LIBRAIRE-ÉDITEUR

4, Rue Saint-Jacques.

1888

PUBLIÉ AUX FRAIS D'UN COMITÉ

COMPOSÉ DE :

MM. BERTRAND DE BROUSSILLON.
Le Baron S. DE LA BOUILLERIE.
Henri CHARDON.
Le Marquis DE COURCIVAL.
Ernest DE COURTILLOLES.
Albert DUGUÉ.
André JOUBERT.
Le Vicomte S. MENJOT D'ELBENNE.

———

TIRÉ A 300 EXEMPLAIRES.

INTRODUCTION

---

§ 1er. L'ABBAYE.

Entraîné par cet amour de la solitude dont tant d'âmes s'éprirent au VIe et au VIIe siècle, un jeune Arverne, dont le nom latin de Carilephus s'est transformé plus tard en celui de Calais, quitta la maison de son père et vint vers la fin du VIe siècle, s'essayer à la vie religieuse au monastère de Menat (1). Se trouvant trop rapproché de sa famille, il s'échappa de ce premier asile, et accompagné de son compatriote Avitus, il alla près d'Orléans se placer sous la discipline d'un moine dont la réputation s'était répandue au loin ; c'était saint Mesmin. Comme à la mort de ce dernier, les religieux orléanais entendaient placer à la tête de leur maison les deux étrangers, ceux-ci s'exilèrent de nouveau. Ils gagnèrent avec quelques compagnons les forêts du Perche (2), s'y fixèrent, et restèrent ensemble jusqu'au jour où Calais, laissant Avitus au lieu qui depuis a gardé ce nom (3), atteignit les frontières du Maine, et suivi de deux autres solitaires, Daumer et Gall, s'établit définitivement au fond d'une étroite vallée, arrosée par un très modeste ruisseau, l'Anisole. L'isolement cette fois était complet, et nos trois religieux croyaient avoir à jamais rompu avec le monde.

(1) *Menat*, chef-lieu de canton, arr. de Riom (Puy-de-Dôme).

(2) *La Perche*, ancienne province englobée dans les départements de l'Orne, et d'Eure-et-Loir.

(3) *Saint-Avit*, commune du canton de Brou (Eure-et-Loir).

L'endroit où ils s'étaient arrêtés, avait été jadis le siège d'une villa ruinée par les barbares. Quelques pans de murs subsistaient encore ; ils servirent d'abri aux nouveaux venus qui, entremêlant des branchages, couvrirent comme ils purent, leur habitation improvisée. De toutes les cultures qui avaient été pratiquées par les anciens possesseurs du sol, une seule avait laissé des traces ; quelques ceps de vigne, s'étant librement développés, portaient encore des fruits. Par ailleurs, la nature avait repris ses droits, et là où jadis labouraient les bœufs du gallo-romain, les buffles maintenant erraient. L'un de ces animaux, s'étant familiarisé avec saint Calais, revenait souvent près des solitaires dont il fit ainsi découvrir la retraite.

Le vallon où ceux-ci demeuraient, avait été englobé dans l'un de ces vastes domaines, où les rois de la première race menaient dans l'intervalle de leurs guerres, la vie de grands propriétaires. Un centre d'exploitation, entouré de forêts quasi sans limites, leur servait de palais ; là ils chassaient tout à leur aise. C'était une résidence de ce genre, que possédait sur les marches du Maine, Childebert, celui des fils de Clovis, auquel était échu le royaume de Paris (1). Elle portait le nom de Matowal ou Madwal, que l'on identifie ordinairement avec le bourg actuel de Bonneveau (2). Un jour qu'il se livrait à son exercice favori, ses traqueurs levèrent un buffle dont la poursuite les entraîna sur les bords de l'Anille. Les chiens avaient bien suivi la piste et leurs aboiements répétés promettaient au royal chasseur un succès de plus, quand tout à coup la meute hésite. La bête aux abois avait cherché un refuge près de saint Calais. Les serviteurs de Childebert en présence de cet inconnu n'osaient aller de l'avant. Le prince arrive à son tour, interpelle vivement le solitaire et lui

(1) Cf. *Géographie de la Gaule au VI* siècle, par Aug. Longnon, p. 107.
(2) Sur *Mattowal*, voici l'ensemble des textes où ce nom est cité. *Gesta pontif. cenom :* Saint Turibe consacre l'église de *Maduallo*. Donation de Childebert, voir plus loin, p. 2. *Vita Ludovici Pii,* apud Duchesne, II, 312 ; enfin, vie de saint Médard, Bouquet, III, 454. On a publié trois monnaies mérovingiennes sur lesquelles se trouve le nom de *Matovalla*. Cf. *Les monnaies mérovingiennes du Cenomannicum* par M. le comte de Ponton d'Amécourt. *Revue historique et archéologique du Maine,* t. XI, p. 168.

reproche d'avoir choisi pour retraite un lieu qui ne lui appartient pas. Celui-ci s'excuse de toute intention mauvaise, il presse le roi d'accepter le peu de vin qu'il avait recueilli, mais sans vouloir rien entendre, Childebert, toujours irrité, reprend le chemin de Matowal. Dans son impatience il laboure de l'éperon les flancs de son cheval qui subitement s'arrête, comme attaché par des liens invisibles. « Seigneur, dirent alors quelques-uns des familiers du prince, en refusant l'offre du solitaire n'auriez-vous pas offensé Dieu ? » Ils vont sur le champ trouver saint Calais et lui demandent comment leur maître pourra réparer la faute dont il s'est rendu coupable. « Qu'il vienne recevoir ma bénédiction, répond le religieux. » A peine avaient-ils transmis la réponse, que reprenant son allure habituelle, le cheval ramenait le roi dans ce vallon d'où la colère l'avait fait si violemment sortir.

Mobile de caractère, comme tous les barbares, Childebert implora de l'étranger son pardon, lui abandonna une partie des domaines de sa villa, le prit sous sa protection, et pour prévenir toute revendication, détermina plus tard dans une charte, les limites du territoire qu'il avait concédé (1). Un monastère fut

(1) Les sources auxquelles nous puisons pour exposer ces événements, sont les suivantes : Vita sancti Carilephi, *Acta sanctorum O. S. B.*, I, 642 ; et Vita sancti Aviti, Bollandistes, *Acta sanctorum junii*, III, 351. Bien que la première de ces vies ait été écrite longtemps après la mort du saint, rien n'empêche que le souvenir des faits qu'elle relate, ne se soit fidèlement conservé dans le monastère qu'il avait fondé. La seconde est beaucoup plus ancienne et a dû être rédigée au VI° siècle. Celui qui l'a écrite, se donne comme le contemporain de son héros : « E quibus unum, virtutis gloria prædicandum, superno pietatis dignatio huic mundo, *nostro attribuit aevo*, nomine Avitum.» p. 351. Prologus vitæ beati Aviti. De plus les miracles que raconte l'hagiographe, se passent peu de temps après la mort de saint Avit, ainsi de l'apparition à saint Lubin, ainsi du secours accordé par le bienheureux au roi Childebert, dans l'expédition que fit ce dernier en Espagne, l'année 531. Si le narrateur eût vécu deux ou trois siècles plus tard, il n'aurait pas manqué de mentionner également les faits miraculeux qui illustrèrent plus tard le tombeau de saint Avit, faits à peine signalés dans une note ajoutée après coup au texte original. Cette biographie de saint Avit est très explicite sur les pérégrinations de saint Calais, sur son établissement aux rives de l'Anille, en un lieu où se voyaient les ruines appelées *Casa Cajani*. Il y est fait également mention des deux compagnons du saint.

fondé dont saint Calais fut le premier abbé. A sa mort, son compagnon Daumer le [remplaça. Il obtint de Childebert un nouveau diplôme d'immunité. Les successeurs de ce prince, Chilpéric Ier et Thierry (1), ne se montrèrent pas moins bienveillants à l'égard des abbés Gall et Siviard, aussi l'abbaye prit-elle un rapide accroissement. Dès l'année 576, elle avait assez d'importance pour que Chilpéric Ier voulût y faire enfermer son fils Mérovée (2). Les faveurs dont cette maison avait été l'objet, l'avaient sur certains points, rendue indépendante, ou du moins relevait-elle directement du roi. Les fonctionnaires royaux n'avaient plus le droit de pénétrer sur les domaines soumis à l'abbé, ni pour y rendre des sentences, ni pour y percevoir des amendes. Une défense plus générale leur enjoignait de ne rien faire qui amoindrît les biens du monastère. Tels sont les avantages que concède la charte de Childebert (3). Celle de Chilpéric Ier les étend encore. S'il s'élève un conflit, dit ce dernier roi à ses agents, entre vous et l'abbé, j'ordonne que la cause soit portée à mon tribunal où je rendrai une sentence définitive (4).

Ces concessions avaient un caractère essentiellement précaire et chaque fois qu'un nouveau prince arrivait au trône, l'abbé devait lui en demander la confirmation. Il ne paraît pas qu'elle ait été jamais refusée, et Gontran, Clotaire II, Dagobert Ier, Clovis II, Clotaire III, Clovis III, Childebert III et Dagobert III (5), l'accordèrent les uns après les autres. Les chartes des trois

(1) Voir plus loin p. 3. L'authenticité des diplômes étant supposée admise, on doit se demander de quel prince émane celui de ces titres qui est rédigé au nom de Thierry, plusieurs rois ayant porté ce nom. Saint Siviard auquel la charte est accordée, étant le prédécesseur immédiat de l'abbé Ibbolen et ce dernier ayant obtenu un diplôme d'immunité de Clovis III, en 693, c'est donc avant cette année, sans remonter à une époque trop éloignée, que régnait ce roi Thierry dont saint Siviard fut le protégé. Avec ces données, on est porté tout naturellement à conclure qu'il s'agit du fils de Clovis II, Thierry III, qui intrônisé en 675, mourut en 691.

(2) Cf. Grégoire de Tours. *Historia francorum*, V, 14.

(3) Voir plus loin, p. 5.

(4) Voir plus loin, p. 6.

(5) Voir plus loin, p. 9.

derniers nous ont été seules conservées. Elles ne renferment presque rien qui ne soit déjà dans les documents que nous venons d'analyser. Sur un point cependant, elles sont plus favorables à l'abbaye qu'elles exemptent du droit de gite.

A ces avantages généraux, quelques princes en ajoutèrent d'autres d'une nature plus restreinte. Le même Thierry qui avait octroyé un diplôme d'immunité à saint Siviard, en concéda un autre (1) par lequel il déclarait francs de tout droit de péage, cinq voitures et autant de barques, appartenant au monastère de Saint-Calais. Childebert III confirma ce privilège (2), Dagobert III enfin en octroya deux autres (3) que le rédacteur du cartulaire s'est contenté de mentionner sans indiquer sur quels objets ils portaient.

Les princes carolingiens ne se montrèrent pas moins généreux. L'année même de son sacre, Pépin le Bref prit sous sa protection l'abbaye de Saint-Calais (4). De plus, l'abbé Sigebauld l'en ayant prié, il garantit aux moines la liberté des élections dans leur monastère. Cette mesure de précaution dont ils ne s'étaient pas avisés plus tôt, leur aurait-elle été suggérée par l'attitude antérieure des représentants de la nouvelle dynastie. Tant qu'ils étaient restés maires du palais, les descendants de Pépin d'Héristal n'avaient été rien moins que tendres aux évêchés et aux abbayes. La légende qui veut que du tombeau de Charles Martel soit sorti un serpent, symbole de sa perfidie, nous est un sûr indice des dispositions peu bienveillantes que les églises avaient rencontrées dans le vainqueur des Arabes. En ceignant la couronne, le nouveau souverain renierait-il les traditions de sa famille, et ne le verrait-on pas lui aussi, distribuer à ses hommes d'armes les bénéfices ecclésiastiques. L'abbé Sigebauld pouvait se le demander, et l'occasion se présentant de s'assurer par avance contre toute ingérence étrangère, il la saisit sans retard. Cette précaution n'aurait rien sauvegardé sans doute, si Pépin eût

(1) Voir plus loin, p. 8.
(2) Voir plus loin, p. 11.
(3) Voir plus loin, p. 13.
(4) Voir plus loin, p. 13.

marché dans les voies de son père, mais il se trouva que devenu chef d'État, et sa politique changeant avec sa situation, le Carolingien vit qu'il était de son intérêt de se déclarer le protecteur de l'Église. L'abbé avait donc calculé juste en réclamant pour son monastère la liberté des élections.

A moins toutefois qu'il n'ait voulu parer à une autre éventualité. S'il a craint de voir Gauziolène, prélat qui gouvernait alors le diocèse du Mans, réclamer pour lui-même avec la direction de l'abbaye, les terres qui en dépendaient, peut-être aura-t-il cru prudent de demander d'avance l'appui de l'autorité séculière, certain qu'il était de l'obtenir, l'évêque refusant de reconnaître le nouveau roi. Les religieux pourraient dès lors procéder sans crainte à l'élection d'un nouveau supérieur.

Celui qu'ils choisirent à la mort de Sigebauld, se nommait Nectaire. Il obtint de Pépin-le-Bref (1), en 760, la confirmation des privilèges concédés antérieurement, à son monastère. Le nouveau diplôme est des plus explicites. Tout comte et tout évêque reçoivent la défense de pénétrer sur les terres de l'abbaye, et, clause nouvelle, les agents du roi n'y pourront plus exiger de prestations. A sa propre sauvegarde, le prince joignait enfin celle de son fils Charles.

Tant de faveurs n'allaient point sans placer le protégé sous la sujétion des protecteurs. Les religieux ne tardèrent pas à s'en apercevoir. Après Nectaire, Rabigaud et Ebroïn régirent le monastère. Ce fut sous l'administration du premier de ces deux abbés, que, sur sa demande et sur celle de l'évêque du Mans, Mérolle, Charlemagne ratifia l'échange de terres que ces dignitaires ecclésiastiques avaient fait (2). Le même souverain donna successivement deux diplômes d'immunité, l'un en 771, à Rabigaud (3), l'autre, en 779, à Ebroïn (4). Ce dernier mourut en 801. L'empereur conféra alors à Francon l'aîné, évêque du Mans, mais à titre de bénéfice viager, la jouissance de l'abbaye.

(1) Voir plus loin, p. 14.
(2) Voir plus loin, p. 16.
(3) Voir plus loin, p. 18.
(4) Voir plus loin, p. 19.

Néanmoins le bénéficier ne la garda pas jusqu'à sa mort, et, vers 810, le monastère était replacé sous l'autorité de l'abbé Adalgyse, auquel Louis le Pieux octroya en 814 (1), une nouvelle charte confirmative de celles que son aïeul et son père avaient autrefois accordées. Le successeur d'Adalgyse, Alboin, fut élu paisiblement par les moines. Il fit reconstruire l'église du monastère ; il y transféra les reliques de saint Calais, et obtint que l'évêque du Mans, Francon le jeune, prît part à cette translation. Comme il craignait de voir l'empereur disposer de nouveau de l'abbaye, sans prendre l'avis des religieux, il sollicita pour eux l'autorisation de choisir librement leur abbé, demande que ratifia Louis le Pieux en 825 (2). A la mort d'Alboin, ils élurent Raigemond qui assista au concile de Worms en 833. A son décès ils nommèrent un nouvel abbé, Sigemond.

Saint Aldric qui depuis l'année 832, gouvernait l'église du Mans, s'autorisant des privilèges qui se trouvaient dans la bibliothèque épiscopale, contesta l'élection, et en appela à l'empereur devant lequel il cita Sigemond et ses religieux. Louis le Pieux fit instruire l'affaire, et sur les renseignements que lui transmirent ses conseillers, se prononça en faveur de l'évêque. Celui-ci, le jugement à la main, voulut prendre possession de l'abbaye. Les moines s'y opposèrent, et comme ils s'étaient refusés jusque-là à comparaître devant l'empereur, ils se décidèrent enfin à aller défendre leur cause au plaid de Quierzy, qui avait été fixé au mois de septembre de l'année 837. Ils y furent mal accueillis. Louis le Pieux ne pouvant nier l'authenticité du diplôme qui leur avait été accordé en 825, donna à entendre qu'ils l'avaient obtenu par surprise et par fraude. L'assemblée où se trouvaient réunis cinq archevêques, treize évêques et vingt-six comtes, condamna Sigemond au bannissement et enjoignit aux religieux d'avoir à reconnaître pour abbé, l'évêque du Mans. Au lieu de se soumettre, ils sortirent de l'abbaye, emportant avec eux les objets les plus précieux, et l'empereur dut charger l'évêque d'Orléans, Jonas, et l'abbé de Saint-Mesmin, Henri, de

(1) Voir plus loin, p. 21.
(2) Voir plus loin, p. 23.

les faire rentrer dans leur monastère. Ils obéirent alors, et, pendant deux ans et demi, restèrent soumis à saint Aldric, après quoi, Louis le Pieux étant mort, et l'évêque du Mans étant privé de cet appui, Sigemond revint de l'exil et reprit possession de l'abbaye de Saint-Calais. A son décès, Rainald le remplaça. On ne voit pas que saint Aldric ait alors réclamé. Charles le Chauve prit sous sa protection le nouvel abbé (1) et reconnut à ses religieux le droit de nommer leur supérieur, droit que confirmèrent les Pères du concile de Bonneuil, en 855 (2). Rainald ayant un peu plus tard démissionné, et saint Aldric étant mort en 856, le premier eut pour successeur Ingelger, le second, Robert.

Le conflit, un instant apaisé, reprit bientôt avec plus d'acuité. Ingelger s'étant présenté au concile de Pistres, y fit reconnaître par les évêques la légitimité de ses droits. Les Pères du concile écrivirent à Robert, le priant de se désister de ses prétentions (3), mais ce dernier à qui Charles le Chauve venait de donner l'investiture de l'abbaye, à titre de bénéfice il est vrai, préféra porter la cause devant le pape Nicolas Ier. Celui-ci, sur les renseignements que l'évêque du Mans lui donna, prit sa défense, et dans deux lettres adressées, l'une à l'archevêque de Reims, Hincmar (4), l'autre, aux évêques de France (5), leur demanda de soutenir la cause du prélat contre les moines. Ceux-ci recevaient en même temps du souverain Pontife l'ordre d'avoir à se soumettre à leur évêque (6).

Dans cette dernière période, le débat s'élève ; à bien suivre la discussion, on voit qu'une question générale se greffe sur une question particulière et qu'il s'agit en définitive de déterminer jusqu'où s'étendront les immunités des monastères. Ces derniers

(1) Voir plus loin, p. 24, 25.

(2) Voir plus loin, p. 27. On ne sait de quel Bonneuil il est ici question ; on hésite entre Bonneuil-sur-Marne (Seine) et Bonneuil, au canton de Gonesse. (Seine-et-Oise).

(3) Voir plus loin, p. 32. Pistres, commune du canton de Pont-de-l'Arche (Eure).

(4) Voir plus loin, p. 43.

(5) Voir plus loin, p. 41.

(6) Voir plus loin, p. 40.

l'emportèrent. Le pape avait eu soin de dire que, au cas où les parties adverses ne pourraient s'entendre, elles eussent à soumettre leur querelle au métropolitain de la province de Tours. Si, ajoutait-il, l'archevêque n'arrive pas à les mettre d'accord, elles enverront à Rome trois délégués pour exposer leur cause, et entendre la sentence que rendra le siège apostolique. On n'alla pas jusque-là. Le concile de Verberie qui se tint en 863, évoqua l'affaire, et après avoir entendu l'avocat des religieux et celui de l'évêque du Mans, ajoutons qu'il avait été nommé d'office pour ce dernier, Robert ayant refusé de comparaître, admit le bien-fondé des réclamations d'Ingelger, condamna celles de son adversaire, et déclarant falsifiés les titres que ce dernier avait produits, en ordonna la destruction (1). L'évêque de Beauvais, Odon ou Eudes, reçut mission de la part du roi et des Pères du concile, d'aller à Rome, et de soumettre au pape les décisions de l'assemblée. Nicolas Ier les ratifia dans une longue bulle, qui semble avoir été promulguée au concile de Rome en 803. Tout en restant soumis pour le spirituel à l'autorité de leur évêque, les moines recouvraient définitivement la liberté des élections (2).

Aux préoccupations que leur causait la solution de ce différend, s'ajoutait dans les derniers temps au moins, la crainte de l'invasion des pirates normands. Depuis plusieurs années déjà, le Maine était exposé à leurs ravages, aussi ne se croyant plus en sûreté dans leur monastère, les religieux l'abandonnèrent-ils. Ils allèrent se réfugier derrière la Loire, emportant avec eux les restes vénérés de saint Calais. Ils les déposèrent au château des comtes de Blois où depuis fut construite une chapelle sous le vocable du saint abbé (3). C'est là que l'archevêque de Sens, Guillaume, reconnut en 1171, l'authenticité de ces précieuses reliques (4).

(1) Voir plus loin, p. 30. Verberie, commune du canton de Pont-Sainte-Maxence (Oise).

(2) Voir plus loin, p. 44.

(3) Cette chapelle existait déjà en 924 ; il en est fait mention dans la charte de fondation de l'abbaye de Saint-Laumer de Blois. Cf. *Histoire du royal monastère de Sainct-Lomer de Blois*, par dom Noël Mars, publiée par A. Dupré Blois, 1869, gr. in-8o, p. 99.

(4) Voir plus loin, p. 84.

Elles y étaient restées après le retour des religieux dans leur cloître où cependant ils en avaient rapporté quelques fragments (1). On ignore à quelle époque ils revinrent. La série des abbés, pour le X° et le XI° siècle, est probablement très incomplète ; encore n'a-t-elle été dressée que d'après le nécrologe de l'abbaye, et, si l'on connaît le jour de leur décès, on ne saurait en dire autant de l'année.

Ce fut pendant ce laps de temps, entre 1015 et 1036, que Guillaume, simple chevalier, construisit sur une motte artificielle (2), au sommet du côteau qui longe la rive gauche de l'Anille, le château dit de Saint-Calais, dont l'appellation devint le nom patronymique du constructeur et de ses descendants. Le nouveau châtelain s'était préalablement assuré du bienveillant concours de l'abbé Herbert (3). Celui-ci en se prêtant à l'établissement d'une autorité différente et bientôt rivale de la sienne, avait en vue probablement les avantages immédiats qu'il en retirait ; l'avenir devait prouver qu'il les payait trop cher. Les empiètements du pouvoir civil sur la juridiction abbatiale, donnèrent lieu aux différents accords relatés dans le cartulaire (4), et qui tendirent tous, du premier au dernier, à restreindre les droits de l'abbaye. Quels que soient les seigneurs, à quelque famille qu'ils appartiennent, qu'ils se nomment de Néel,

(1) « Nunc partem cranii sancti Carilephi argento capite inclusam possidet monasterium S. Carilephi ».

Cenomania, ms. de D. Briant, † 1716. Bibl. de la ville du Mans, n° 226 bis.

(2) Il est difficile aujourd'hui de donner des renseignements exacts sur le plan du château de Saint-Calais. Nous pensons que la première fortification, créée par Guillaume, se composait d'une motte artificielle, avec une enceinte au pied, formée par un talus et un fossé. Plus tard, vers la fin du XI° siècle, on éleva sur la motte un donjon en pierres, qui dut être remanié au XII° siècle. Nous croyons pouvoir affirmer que la construction du XI° siècle se composait d'un carré dont chaque face était soutenue par trois énormes contreforts, dont deux se dressent encore absolument intacts. Au XII° siècle on éleva des tours entre ces contreforts ; quant à leur nombre nous ne pouvons le préciser ; deux d'entre elles ont laissé des traces indiscutables, l'une carrée est presque entière; l'autre, ronde à l'intérieur, renfermait un escalier, dont on distingue encore les degrés. (*Note communiquée par M. G. Fleury.*)

(3) Voir plus loin, p. 50.

(4) Voir plus loin, p. 60, 66, 70.

Dammartin, Luxembourg ou de Bueil, ils s'efforcent de se substituer aux religieux dans l'administration de la ville. Quand Charles V permet à ces derniers de fortifier le monastère (1), le comte de Dammartin, détenteur de la seigneurie, essaie d'entraver l'entreprise et ne cède que devant un second mandement du roi (2).

Si, près du château, la puissance temporelle de l'abbé s'amoindrit de bonne heure, les droits utiles que celui-ci percevait sur les paroisses des doyennés de Troo (3) et de Saint-Calais, furent mieux et plus longtemps sauvegardés. On peut voir par le *Gros des Cures* (4) quels ils étaient au XIII° siècle. Il devient possible, grâce à ce document, de distinguer jusqu'où dans les temps antérieurs, avait rayonné l'influence de l'abbaye, car les redevances qu'acquittaient ces paroisses, attestent la part que les moines avaient prise à la création de ces petits centres religieux (5).

Telles sont rapidement résumées, les notions que nous fournit le cartulaire sur le plus ancien monastère du Maine. Nous examinerons maintenant comment et à quelle époque a été formé ce recueil, quelle en est l'autorité, si toutes les chartes qu'il renferme, sont également authentiques, et nous terminerons en indiquant comment nous avons entendu le publier.

§ II° — LE CARTULAIRE.

L'incendie qui détruisit le monastère au XV° siècle, pendant l'occupation anglaise, fit disparaître aussi les archives (6). On

---

(1) Voir plus loin, p. 62.

(2) Voir plus loin, p. 64.

(3) Troo, commune de l'arrondissement de Vendôme et du canton de Montoire, (Loir-et-Cher).

(4) Voir plus loin, p. 51.

(5) Pour apprécier plus exactement encore quelle importance notre abbaye avait acquise au moyen âge, il serait nécessaire d'ajouter aux paroisses des doyennés précités, les églises et les prieurés situés en dehors de ces deux circonscriptions ecclésiastiques.

(6) « Paulo post hæc tempora, nempe ab anno 816 Normanni in Ligeri

sauva néanmoins quelques titres (1), un nécrologe rédigé à la fin du XIV° siècle, sur les ordres de l'abbé Tibergeau, par le moine Jean Olivier (2) ; un vieux cahier, connu sous le nom d'ancienne caterne de l'abbaye, et un cartulaire rédigé au XI° siècle, incomplet dans quelques parties, mais néanmoins fort précieux. Dom Briant, l'auteur du *Cenomania*, le vit à la fin du XVII° siècle, et se servit de ce texte chaque fois qu'il fut amené au cours de son histoire, à citer les chartes calaisiennes. En recueillant les indications éparses çà et là dans son ouvrage, on arrive à reconstituer la composition de cet ancien manuscrit.

Il ne devait pas contenir la donation de Childebert, car dom Briant la rapporte en entier, d'après une copie notariée, prise en l'an 1600, sur d'anciens parchemins (3), ce qu'il n'aurait pas fait, s'il en eût connu un texte plus ancien. Du second diplôme du même roi, il ne restait plus qu'un fragment, allant de ces mots : *tuitionis nostre vel mundeburde*, à la date : *Data quarto calendas* (4). Dom Briant cite la charte accordée à l'abbé Gall par

sedentes urbem Cenom. depredati, omnia regionis monasteria spoliarunt, incenderunt, everteruntque. ex quibus monasterium S. Carilephi quod pariter in suis ruinis jacuisse videtur tota hac Normannorum tempestate, id est, ad capellanos reges. De quibus etiam post restitutionem historia nihil fere superest, cum tota abbatia, sæculo XV° ab Anglis igni subjecta sit, unumque fero cartularium evaserit sæculo XI° scriptum ex quo antiqua monumenta supra relata sunt desumpta, et necrologium in quo 13 abbates ignotæ ætatis referuntur. » *Cenomania.*

(1) De ce nombre étaient sans doute les parchemins dont parle le *Cenomania*, et sur lesquels on prit une copie notariée de la donation de Childebert. Dans un *Catalogue inédit des abbés de Saint-Calais*, nous trouvons le passage suivant à l'article Jean Ronsard : « Nonnullas monasterii sui litteras et chartas a monasterio sancti Launomori Blesensis recuperavit quæ sola incendium evâsere ».

(2) « Joanne Tibergeau abbate, Joannes Oliverii monachus necrologium Anisolense ex veteribus monumentis composuit, cui obitus et notatu digna quæ postmodum acciderunt, inserta sunt ». *Catalogue inédit des abbés de Saint-Calais.*

(3) « Fundationis charta ex apografo juridico ad vetustissimas membranas facto anne 1600, sic se habet. » *Cenomania.* Mabillon, *(Annales O. S. B.* 1, 78) en parle dans les mêmes termes.

(4) « De supradicto fragmento, hoc tantum integrum modo restat in m. s. cartul. Anisolensi sæculi undecimi...... tuitionis nostræ etc.... » *Cenomania.*

Chilpéric Ier en 561 (1), mais il ne dit rien de celle que Thierry concéda à saint Siviard. Il fait mention des trois suivantes obtenues par l'abbé Ibbolen, la première, de Clovis III, la seconde, de Childebert III, la troisième, de Dagobert III, mais pour les deux dernières il fait observer qu'elles ne sont pas datées (2). Il connaît aussi celles que Pépin octroya en 752, à Sigebauld, et en 760 à Nectaire ; celles que Charlemagne concéda à l'abbé Rabigaud en 771 et en 774. Il constate que dans le diplôme d'immunité accordé par ce dernier prince à l'abbé Ebroïn, les dernières lignes seules s'étaient conservées (3). Il inscrit ensuite à leur rang, selon l'ordre chronologique et sans autre remarque, tous les documents publiés plus loin jusqu'à la sentence rendue au concile de Verberie, inclusivement. Quant aux lettres du pape, il les rapporte d'après les *Acta conciliorum* de Labbe. Il a soin d'autre part de nous prévenir que la bulle du souverain Pontife ne se trouvait pas aux archives de l'abbaye de Saint-Calais (4).

Quand Mabillon rédigea ses *Annales O. S. B.*, il utilisa probablement ce cartulaire du XIe siècle ; il semble avoir voulu le désigner par ces références : *Vetus exemplum codicis aninsulensis* (5) et *parvum chartarium* (6). C'est vraisemblablement ce manuscrit que visent Martène et Durand, dans le premier volume de leur *Thesaurus novus anecdotorum*, quand ils nous parlent du « *Codex manuscriptus Anisolensis* (7) ». Ces mêmes auteurs entendent indiquer une autre source dans leur *Amplis-*

(1) « Chilpericus a quo Gallus abbas præceptum regiæ protectionis et immunitatis obtinuit anno primo regni ejus. » *Cenomania.*

(2) « Alia etiam præcepta duo Childeberti IIII Theoderici et Dagoberti 2 regum eidem Ibboleno concessa sunt in quibus data non legitur ». *Cenomania.*

(3) « Ad eum (scilicet Ebroïnum) referri debet fragmentum præcepti de immunitate ejusdem Caroli regis cujus tantum remanet in cartul. Gislebertus ad vicem Radonis recognovi. Data sub die 15 calend. decembris anno 12 et 0 regni nostri : Actum Vurmatia civitate in Dei nomine. » *Cenomania.*

(4) « Ipsa vero epistola (il s'agit de la bulle), quæ ordinem suum inter ceteras Nicolai p. epistolas obtinet, nec ex archivis sancti Carilephi deprompta est. » *Cenomania.*

(5) Mabillon, *Annales*, III, 100.

(6) Mabillon, *Annales*, I, 599.

(7) Martène et Durand, *Thesaurus*, I, col. 6, 23, 35.

sima collectio, et dans le tome quatrième de leur *Thesaurus*, alors qu'ils renvoient au *Cartarium Anisolense* (1). Ce *cartarium* ne saurait être notre cartulaire du XIᵉ siècle ; en effet tandis que le premier donnait aux Bénédictins le texte complet, sauf quelques mots, du diplôme accordé par Childebert à l'abbé Daumer, le second, nous l'avons déjà dit, n'en contenait qu'un fragment.

On ignore ce que sont devenus ces deux manuscrits, mais il en existe un troisième, apparenté de très près au *cartarium* de Martène et Durand, puisque les variantes qui les distinguent n'ont rien d'essentiel, et c'est ce dernier que nous éditons. Il appartient actuellement à la famille d'un érudit calaisien, M. Mégret-Ducoudray, mort en 1884. On a mis à nous le communiquer la plus parfaite obligeance et nous sommes heureux de pouvoir exprimer ici à qui de droit, toute notre gratitude.

Ce manuscrit se compose de quarante-deux feuillets de papier, in-folio ; il a été transcrit en 1709, par un seul copiste. Les pages sont numérotées, à partir du recto du troisième feuillet, de 1 à 80. Sur le premier feuillet non chiffré, se lit ce titre : « *Cartularium regalis abbatiæ sancti Carilefi ordinis sancti Benedicti congregationis sancti Mauri in pago Cenomannensi, 1709.* Sur le second, se trouve cet autre titre, répété au premier feuillet numéroté : *Fundatio monasterii Anisolæ et donatio Childeberti regis Chlodovei primi Francorum christiani principis filii.* Les chartes suivent ; elles sont ainsi réparties. Les diplômes des rois de la première et de la seconde race vont de la première à la trente-troisième page ; viennent alors de la trente-troisième à la quarante et unième, les lettres du pape Nicolas 1, et la bulle qu'il promulgua en 863. Les autres documents arrivent ensuite dans l'ordre où nous les publions, et remplissent le reste du cahier.

Comment le copiste a-t-il entendu son travail et où en a-t-il recueilli les éléments? Il nous semble que pour les plus anciennes chartes, il a simplement reproduit, non le cartulaire du XIᵉ siècle, puisqu'il était incomplet, mais un exemplaire assez ancien, transcrit à une époque où l'on pouvait posséder encore les ori-

(1) Martène et Durand, *Amplissima collectio.*

ginaux des titres dont on prenait copie. Il est à remarquer en effet que les noms des cinq premiers prélats qui souscrivirent la sentence rendue au concile de Bonneuil, en 855, sont précédés de ce que nous pourrions appeler leur signature (1). Les *Annales* de Baronius ont dû fournir les trois lettres du Souverain Pontife; le copiste, en effet, a eu soin d'ajouter en marge de la première : *Extat cum sequentibus in Annal. Ecles. tomo X ad annum Xti, 863*, et les particularités du texte de l'annaliste italien se retrouvent dans notre manuscrit. La bulle doit avoir été extraite du : *Tomus III epistolarum decretalium summorum pontificum.* (Romae, 1591, in-folio). La charte de fondation du château (2), vient de ce cahier, dit l'ancienne caterne. Il est à croire enfin, que les autres documents ont été copiés, mais d'une façon très incorrecte, sur les pièces originales.

Les diplômes mérovingiens et carolingiens, sauf trois, ont été publiés pour la première fois au XVIII° siècle, soit par Mabillon, dans ses *Annales O. S. B.*, soit par Martène et Durand, dans leur *Thesaurus*, tomes I et IV, et dans leur *Amplissima collectio*. Ceux qu'ils n'ont pas édités, à savoir un de Childebert III, et deux de Charlemagne, ne leur étaient pas inconnus ; s'ils les ont laissés de côté, c'est vraisemblablement qu'ils les estimaient moins importants. Ils sont imprimés plus loin sous les numéros 6, 11 et 12. Notre manuscrit contient en outre la mention de faveurs accordées à l'abbaye, et dont les Bénédictins précités n'ont rien dit. Le premier rédacteur du cartulaire dont nous n'avons maintenant qu'une copie, n'ayant pas voulu, pour une cause qui nous échappe, reproduire le texte de ces privilèges, s'est contenté d'en indiquer brièvement la nature. Ainsi, à la suite de la charte de Thierry, il note que ce prince a donné l'exemption de tonlieu, pour cinq bateaux et cinq voitures, c'est-à-dire que les religieux ne payaient aucun droit de péage pour ces divers véhicules. Childebert III renouvela cette concession (3). Deux diplômes de Dagobert III sont simplement mentionnés (4).

(1) Voir plus loin, p. 30.
(2) Voir plus loin, p. 50.
(3) Voir plus loin, p. 11.
(4) Voir plus loin, p. 13.

Nous savons d'autre part où et par qui furent éditées d'abord les lettres et la bulle de Nicolas I. De cette dernière, Labbe a dù rencontrer une autre copie, car le texte qu'il en donne dans ses *Acta Conciliorum* (1), diffère par certaines variantes et par la division des alinéas, de celui que contient le *Tomus III epistolarum decretalium*. Les autres documents du cartulaire paraissent ici pour la première fois.

Tous ces titres sont-ils également authentiques, et n'en est-il pas qui, tout anciens qu'ils sont, n'en soient pas moins l'œuvre d'un faussaire. Dans une récente publication dont l'Académie a reconnu tout le mérite (2), M. J. Havet conteste après Th. Sickel et K. Stumpf, l'authenticité des quatre premiers actes mérovingiens. Il admet néanmoins que les rois auxquels ces actes sont attribués, les octroyèrent à l'abbaye, mais la négligence des moines ou toute autre cause, ayant mis à mal les originaux, quand il fut utile de les produire, ne les retrouvant plus, on composa, dit-il, entre 850 et 862, les documents qui nous sont parvenus, ceux du moins qui, dans notre publication, portent les numéros 2, 3 et 4, à l'aide de deux chartes carolingiennes, celles que nous éditons sous les numéros 8 et 9. Voici les conclusions, examinons maintenant l'argumentation.

« Des quatre diplômes, nous dit M. J. Havet, celui qui supporte le moins la discussion est la donation de Childebert à saint Calais. Les indices de toute sorte qui trahissent une rédaction postérieure à l'époque mérovingienne y abondent. Il suffit d'en indiquer quelques-uns (3). » Nous les résumerons le plus rapidement possible.

Le roi s'adressant à ses fonctionnaires, leur parle tantôt à la seconde, tantôt à la troisième personne; c'est au cours de la pièce une perpétuelle confusion ; on ne voit rien de tel dans les titres authentiques qui nous sont connus. En outre le prince exprime sa donation par ce mot *dedimus*, alors que sous les Mérovingiens, le terme consacré est non pas *dare*, mais *concedere*. La souscrip-

(1) Voir plus loin, p. 41.
(2) *Questions mérovingiennes*, par Julien Havet, Paris, Champlun, 1887.
(3) *Questions mérovingiennes*, p. 23.

tion est toute carolingienne. Dans les actes mérovingiens, la date de temps et celle de lieu sont exprimées au moyen d'une seule et même phrase qui commence par le mot *datum*. Sous la seconde race, ces dates sont séparées, la première étant marquée par le mot *data*, la seconde, par *actum*. Or, c'est cette dernière formule qui est employée par Childebert. Voilà ce que nous pouvons appeler les vices de forme.

Le fond, selon M. Havet, ne serait pas moins faux. Les détails dans lesquels entre le donateur, ne sont pas de ceux que l'on insère dans une pièce officielle. Il parle au donataire en des termes qui ne laissent pas de surprendre, supposé que ce dernier soit encore vivant. Il est question d'un juge ou comte, nommé Maurus, établi à Matowal, alors que le seul fonctionnaire qui, dans la province, eût le droit de porter ce titre, devait résider au Mans.

Ces critiques méritent d'être prises en considération. Assurément, le document connu sous le nom de *Donation de Childebert*, ne nous est point parvenu sous sa forme authentique. Les irrégularités de la rédaction, et Mabillon en avait déjà signalé quelques-unes (1), doivent mettre en défiance. Néanmoins nous avons peine à croire que dans sa forme actuelle, ce document n'offre rien de la rédaction primitive ; nous ne sommes point absolument persuadé que les détails qui y sont relatés, soient absolument incompatibles avec le caractère officiel de la charte, et bien que le titre de *Judex* soit ordinairement synonyme de *comte*, il n'est pas impossible que ce mot ait été parfois employé pour désigner un autre fonctionnaire, dont la présence à Matowal n'a rien d'invraisemblable, puisque la cour y résidait, et qu'il s'y trouvait un atelier monétaire (2). Nous supposerions plus aisément que ce document a été altéré, enjolivé, par des copistes ignorants ou trop zélés et que ces derniers doivent pour une large part, être rendus responsables des incorrections nombreuses et importantes que l'on a signalées. L'autorité en est par là de beaucoup dimi-

(1) Mabillon, *Annales O. S. B.* I, 78.
(2) *Revue historique et archéologique du Maine*, XI, 169. *Les monnaies méro vingiennes du Cenomannicum* par M. le comte de Ponton d'Amécourt.

nuée, mais tel qu'il est, il peut nous donner une idée suffisante de la générosité dont le roi fit preuve, en dotant le monastère de Saint-Calais.

Les trois autres diplômes présentent eux aussi des irrégularités de forme ; ainsi, la date divisée en deux parties. La formule, nous dit-on encore, que les rois Childebert, Chilpéric et Thierry, employèrent pour accorder leur protection, ressemble beaucoup plus à celle dont usaient les Carolingiens qu'à celle dont se servaient les Mérovingiens. Ne serait-ce pas l'occasion de remarquer que ces formules de chancellerie, visant au même but, donnant les mêmes faveurs, ont dû naturellement être libellées suivant des procédés identiques. Est-ce à dire au reste que les scribes chargés de transcrire les chartes, aient toujours suivi mot pour mot les modèles que nous a conservés le recueil de Marculfe (1). Ces modèles, suffisants pour guider un expéditionnaire, devaient néanmoins être assez élastiques pour permettre d'introduire les modifications que le prince jugeait nécessaires. D'autre part si, comme on le veut, les chartes de Pépin le Bref ont été utilisées par un faussaire, comment expliquerons-nous que dans les actes réputés falsifiés, il ait omis certains privilèges fort appréciables et fort appréciés au VIe siècle tout autant qu'au IXe, et puisqu'il avait alors pour but d'en obtenir la confirmation, en les présentant comme ayant été depuis longtemps octroyés, pourquoi ne les a-t-il pas enregistrés ; assurément il ne lui en eût rien coûté. Ainsi la charte de Pépin le Bref, donnée en 760, défend-elle à tout fonctionnaire de saisir des répondants sur les domaines des monastères, d'y prendre gîte et d'y exiger des prestations ou des provisions de voyage. Ce sont là des immunités que l'on ne trouve plus dans les diplômes accordés aux abbés Daumer, Gall et

(1) M. Fustel de Coulanges dans son étude sur l'immunité mérovingienne, *Revue historique*, XXIII, 11, après avoir expliqué les formules générales de Marculfe, ayant l'occasion de citer celles qui sont employées dans des chartes spéciales et en particulier dans le diplôme accordé par Childebert à l'abbé Daumer n'estime pas que la différence qui existe entre ces deux séries de documents, soit un motif pour douter de l'authenticité des seconds où, dit-il, on trouve réunie la concession de deux faveurs qui ne s'excluent pas, celle de la protection ou maimbourg et celle de l'immunité.

Siviard. La seule qui soit énoncée d'une manière précise se rapporte aux amendes que les juges n'avaient plus droit d'imposer. Si donc sur certains points, les chartes des rois de la première race ressemblent à celles des rois de la seconde, sur d'autres, elles en diffèrent aussi. N'est-il point surprenant au reste, si les textes ont été composés après coup, qu'on ait réussi, sauf en un point, à faire concorder les noms des princes avec ceux des abbés et qu'on ne se soit pas trompé dans l'attribution des actes à tel personnage plutôt qu'à tel autre ; est-ce assez de croire que le rédacteur ne manquait ni d'intelligence ni d'érudition.

M. Havet estime néanmoins qu'il s'est trahi et qu'il a laissé voir à quelle époque il écrivait, en classant les *missi* parmi les fonctionnaires royaux. Les voyant à l'œuvre de son temps, le faussaire aura cru qu'ils existaient déjà sous les Mérovingiens et conséquemment les aura inscrits au rang des agents du roi. L'objection aurait toute sa valeur, s'il était vrai, comme le veut l'auteur des *Questions mérovingiennes*, que l'institution des *missi* appartient en propre aux Carolingiens, mais il n'en est rien. La formule vingtième de Marculfe, *De divisione*, nomme les *missi*. On les trouve aussi dans la formule quarantième, *Ut leudesamio promittantur regi*. Ils sont mentionnés dans un édit de Clotaire II, de l'an 615 (1). Lehuërou (2), J. Tardif (3) et L. Beauchet (4), l'ont remarqué et se sont préoccupés de déterminer les attributions de ces représentants du pouvoir royal. Que si les formules d'immunité ou de maimbourg données par Marculfe ne les mentionnent pas, c'est qu'ils sont implicitement désignés avec beaucoup d'autres par ces mots *nostri agentes*, ou d'autres équivalents.

La charte de Thierry soulève une autre difficulté. Comment expliquer la présence dans ce titre d'un *vir illuster*, auquel, à défaut du roi, les religieux pourront recourir ; rien dans ce qui

---

(1) Baluze, *Capitula regum francorum*, Parisiis, MDCLXXVII. t. 1, col. 24.

(2) Lehuërou, *Histoire des institutions mérovingiennes et carolingiennes*, In-8°, Paris, 1843, t. II, p. 383.

(3) J. Tardif, *Etude sur les institutions politiques et administratives de la France*, in-8°, Paris, 1881, p. 99.

(4) L. Beauchet, *Histoire de l'organisation judiciaire en France*, In-8°, Paris, 1886, p. 69.

précède ne motive l'apparition de ce personnage. Ne serait-ce pas que le rédacteur du diplôme, s'étant servi comme d'un cadre, d'un acte carolingien où ce *vir illuster* avait sa raison d'être, n'a pas eu l'habileté d'éliminer ces mots compromettants. Une telle supposition est plausible ; elle rend compte de l'interpolation qui autrement reste inexplicable. Si séduisante que soit l'hypothèse, nous hésitons à l'adopter, parce que, satisfaisante sur un point, elle ne montre pas pourquoi le faussaire, si faussaire il y a, a transcrit certains privilèges et en a omis d'autres, et cela sans raison apparente.

Les diplômes des autres rois ne sont pas sans présenter eux aussi certaines incorrections, M. J. Havet qui les a relevées, en a' aussi donné l'explication ; nous ne pouvons que renvoyer à son ouvrage, et l'authenticité de tous ces titres étant universellement admise, il ne nous reste plus qu'à exposer quelles règles nous avons suivies pour les éditer.

Le manuscrit de M. Mégret-Ducoudray ne nous offrait pas un texte très pur ; devions-nous le corriger ? Nous ne l'avons point pensé ; nous avons préféré le reproduire tel qu'il est, avec les fautes, rejetant aux notes les leçons qui nous paraissaient parfois préférables et qui nous étaient fournies soit par les publications des Bénédictins, soit par d'autres manuscrits. Au lecteur de choisir. Sur un point seulement nous avons pris plus de liberté et nous n'avons pas cru devoir aller jusqu'à respecter la ponctuation là où elle était évidemment fautive. L'orthographe du copiste lui est souvent personnelle, surtout dans les titres rédigés en français ; nous l'avons néanmoins gardée, parce que les corrections que nous aurions introduites n'auraient pu s'appuyer sur des principes fixes et nettement déterminés, la transcription des mots au moyen âge étant presque arbitraire, au moins pour les tabellions.

Les variantes que nous avons relevées ont été empruntées aux textes suivants, signalés par des lettres particulières. A, désigne les *Annales O. S. B.* de Mabillon ; A B, les *Annales* de Baronius ; A C, l'*Amplissima collectio* de Martène et Durand ; T, leur *Thesaurus* ; C, le *Cenomania* de dom Briant ; L, les *Acta conciliorum* de Labbe.

Le dessin original de la vue de la ville et de l'abbaye de Saint-Calais, jointe à ce volume, fait partie de la collection Gaignières, conservée à la Bibliothèque nationale, cabinet des estampes, album Sarthe, arrondissement de Saint-Calais.

L. FROGER.

Novembre 1887.

CARTULARIUM

REGALIS ABBATIÆ

SANCTI CARILEFI

ORDINIS SANCTI BENEDICTI

CONGREGATIONIS SANCTI MAURI

IN PAGO CENOMANNENSI

---

1. — FUNDATIO MONASTERII ANISOLAE ET DONATIO CHILDEBERTI REGIS CHLODOVEI PRIMI FRANCORUM CHRISTIANI PRINCIPIS FILII (*).

20 janvier 515.

Childebertus rex Francorum vir illuster (1). Si petitionibus servorum Dei, pro quod eorum quietem vel juvamen pertinet, libenter obaudimus, regiam consuetudinem exercemus. Noverint

(*) Cf. Martène, *Amplissima Collectio* I, 1 ; Bouquet, *Recueil des Historiens des Gaules*, IV, 617 ; Bréquigny, 20, n° 13 ; Diard et Heurtebise, *Mémoire sur les recherches des limites indiquées dans la charte de Childebert I* etc..... Saint-Calais, 1843, in-8° ; Abbé Voisin, *Histoire de Saint-Calais*, Saint-Calais, 1855, in-4°, p. 50 ; Causin, *Géographie ancienne du diocèse du Mans*, grand in-4°, VIII ; Pardessus, I, 75 n° 111, K. Pertz, I, n° 2. *Cenomania*, manuscrit original de Dom Briant, † 1716 ; ms. de la Bibliothèque du Mans, n° 326 bis. A l'époque où D. Briant rédigeait son ouvrage, on conservait aux archives de l'abbaye de Saint-Calais, une copie notariée du diplôme de Childebert I, prise en l'an 1600 sur de très anciens parchemins ; c'est ce que nous fait connaître le passage suivant du *Cenomania* : « Fundationis charta ex apografo juridico ad vetustissimas membranas facto anno 1600 sic se habet ». J. Havet. *Questions mérovingiennes*, IV, 60.

(1) Inluster A, C.

igitur omnes fideles nostri præsentes atque futuri, quia monachus quidam peregrinus Charilephus (2) nomine, de Aquitaniæ partibus, de pago videlicet Alvernio (3) veniens, nobis postulavit, ut ei locum ubi habitare, et pro nos Domini misericordiam implorare potuisset, donaremus, ut (4) eum cum monachis suis in nostra deffensione (5) et tuitione susciperemus. Cujus petitionem, quia bonam esse cognovimus, et ipsum Domini servum miraculis declarantibus veraciter perspeximus, libenti animo adimplere (6) studuimus. Dedimus ergo ei de fisco nostro Maddoallo (7) super fluvium Anisola (8), in loco qui vocatur Casa Cajani, per locis descriptis et designatis, ubi oratorium et cellam sibi et ab suis monachis, et qui post eum venturi fuerint (9), construeret, et receptaculum pauperum in elemosina (10) domni (11) et genitoris nostri Chlodovei (12) edificare potuisset. Terminus ergo de nostra donatione, qui est inter dominationem fisci Maddoallensis et nostra traditione, incipit a villa quæ appellatur (13) Rocciacus super fluvium Bria, in quo cadit quidam rivulus, qui ipsas determinat terras, et pergit ipsus (14) finis vel ipsus rivulus usque subtus curtem Baudoviam (15), quæ in Maddualense (16) esse videtur, et inde pergit in dexteram (17) usque ad summum montem, et iterum (18) descendit usque in vallem ubi cruces in arbore et lapides subtus infigere jussimus, et sic per ipsum terminum venitur ad villam Lescito nomine, quæ est de nostra donatione, deinde descendit per terminos, et lapidis fixis ad colonicam quæ appellatur Curtleutachario, et ipsa colonica determinat per lapidis fixis contra montem et solis occasum, et inde descendit ad eum locum ubi Maurus ipsius Maddoallo judex manere videtur. Inde extenditur terminus ad locum qui appellatur villa Baltrude, et illa in sinistra parte relicta peragitur per terminos et lapides fixas propter stratam veterem per summum trafagetum (19) ubi cruces in arbores quasdam sed

---

(2) Carilephus A. c. Carilefus c. — (3) Alcomio, c. — (4) et c. — (5) defensiono A c. et c. — (6) implero A. c. — (7) Magdoallo c. — (8) Anisolæ. c. — (9) sint. c. (10) eleemosina c. et A c. — (11) domini. c. — (12) Clodovei c. — (13) apellatur. c. — (14) ipsius. c. — (15) Baudaviam A c. Bauderlam. c. — (16) Madduallenso A c. — (17) dextram A c. — (18) interum A c. — (19) trafagetum A c.

et clavos et lapides subterfigere jussimus. Inde extenditur ipse terminus per loca designata usque ad stratam Variciacensem (20). Inde iterum propter ipsam stratam usque ad arborem quæ vocatur Robur Fasiani, quæ arbor est juxta stratam et (21) viæ quæ distenditur foris ad Malam Patriam et locum qui appellatur (22) Coldriciolus et prope (23) ipsum Robur Fasiani qui est juxta ipsam viam, habet lapides fixas, sed et clavis in arboribus figere jussimus. Inde per ipsa via (24) pergit terminus ipsus usque ad (25) Axoniam sicut fixæ lapides docent. Inde per summam Cananiolam usque ad fontem Caballorum, inde deducitur de fonte Caballorum per loca designata leucam in longum de latere pocessionis quæ appellatur Mala Patria, et de alio latere est locus qui vocatur Saucitus qui et ipse Saucitus in ipsa leuca condonatus est (26) usque ad (27) Anisolam sicut cruces in arbores factas et loca designata declarant usque in Branne Valle. Inde modicum per ipsam vallem et rivolum (28) vadit usque fines Sinemurenses, et inde versus solis orientem pergit per alium rivolum usque ibi ipsus rivolus consurgit per ipsa (29) loca designata, et a jam dicto fine Sinemurense (30) extenditur usque in Anisolam, et est ibi in ipsis finibus arbor sita valde grandis et sub ipsa arbore lapides grandes figere jussimus. Inde per ipsam Anisolam distenditur confinium donationis nostræ et Sinemurense contra solis orientem, et est, sicut volumus intimare de latere uno pars Sinemurensis et de alio latere pars Mattojalensis (31) silva quæ vocatur Burcitus et pervenit ad locum ubi junguntur fines Sinemurenses et Baliavenses et Marojalenses ibique in arboribus cruces facere et sub ipsas lapides subterfigere jussimus. Inde distenditur terminus ipsus per ipsam Anisolam, de uno latere est pars Baloacensis et de alio latere pars Marojocensis (32) per loca designata et per ipsam Anisolam (33) usque prope locum qui dicitur Tiljus ubi Anisola consurgit et subjungit ad votus viam quæ venit de Sinemuro et per ipsam viam et loca designata vadit usque ad locum

---

(20) Varisiasensem c.— (21) et inanque c. — (22) apellatur c.— (23) propter c.— (24) ipsam viam c. — (25) in o. — (26) condonatur A c. (27) in c.— (28) rivulum c. — (29) ipsa, inanque c. et A. c. — (30) Sinemurensi c. — (31) Mattolacensis A c. — (32) Maroialensis c. — (33) Anisolam inanque A c.

quæ dicitur Fossa Colonorum. Inde pergit per ipsam viam et loca
designata usque ad fossam antiquam habentem aquam. Inde
descendit ipse confinius (34) Baliavensis et Marojalensis in
Axona (35) quæ vocatur Petrosa, et sic per (36) Axonam et arbores
vel lapides fixas vadit usque foras ad summos campos ubi lapides
fixas et sub ipsos lapides sunt signa posita, et est ibi lapis magnus
qui est fixus inter terminum Baliavensem et Marojalensem et
Maddoalensem qui venit de verto fonte juxta culturam illam
habentem ex omni parte dexteros 2LX (37) et de ipso lapide fixo
in Axona pergit terminus Baliavensis et Marojalensis per vallem
Axonæ usque propo Berofacium, et inde vadit per ipsam vallom
et rivolum qui ibidem per aliquot (38) tempus currit usque in
marcinariam antiquam ; indo consurgit ad montem per terminum
veterem usque ad locum qui appellatur (39) Casa Vuadardo et est
ipse terminus inter Rivualcham et casam jam dicto Vuadardo, et
inde descendit per ipsam vallicellam et rivolum qui ibi per
aliquot tempus currit usque ad terminum Raalensem et Baliavensem et Marojalensem ubi ipsæ tres partes junguntur, sunt
que ibidem sisternæ veteres duæ. Omnia igitur quæ infra istis
terminis continentur, ad excolendum, plantandum, edificandum,
et secundum monachorum regulam, quidquid (40) voluerit
construendum ejdem sancto viro speciali patroni nostro
Charilopho (41) et monachis suis concessisse, et per hujus (42)
donationis titulum tradidisse omnium fidelium nostrorum comperiat magnitudo. Ipsum etiam domnum et venerabilem virum cum
omnibus monachis suis (43) et res ad se pertinentes in nostro
mundeburdo vel tuitione recepisse et tenere cognoscat. Quapropter per præsentem præceptum jubemus ut neque vos neque
successores vestri nec aliquis de fidelibus nostris in causas aut
in rebus ipsius sancti viri ingredere non præsumatis aut aliquid de
rebus aut de terminis minuare cogitetis, aut in aliquo molesti esse
volitis, sed liceat eis per hanc authoritatem a nobis firmatam sub
immunitatis nostræ tuitione vel mundeburdo quietos residere, et

(34) confinus c. — (35) Axonam c. — (36) per ipsam c. — (37) 260 c. —
(38) aliquod c. — (39) apellatur c. — (40) quicquid A c. — (41) Carilefo c. —
(42) ipsius A c. — (43) suis, tranque c.

tam ipsi quam successores illorum pro stabilitate regni nostri Domini misericordiam delectet implorare. Et ut hæc authoritas firmiorem obtineat vigorem manu propria confirmavimus et de annulo (44) nostro subter sigillare jussimus. Actum Madoallo fisco dominico. Data XIII calendas (45) februarii anno IIII (46) regni nostri in Domino feliciter. Amen.

2. — PRECEPTUM CH...... (1) REGIS (*).

28 avril 523.

Ch..... rex Francorum vir illuster (2). Si petitionibus servorum Dei, pro quod eorum quietem vel juvamen pertinet, libenter obaudimus, regiam consuetudinem exercemus, et nobis ad laudem vel stabilitatem regni nostri, in Domini (3) nomen pertinere confidimus. Ideo venerabilis vir Daumerus abba de monasterio Anisola quod est in pago Cenomannico, et ubi ipse abba una cum turba monachorum sub sancto ordine conversare videtur, missa petitione, clementiæ regni nostri expetiit, ut cum et ipsum monasterium una cum omnibus rebus vel hominibus suis, gasindis, amicis, susceptis, vel qui per ipsum monasterium sperare videntur, vel unde legitimo redebet mitio, vel sermone tuitionis nostræ vel mundeburde recipere deberemus, quod et nos gratanti animo illi præstitisse cognoscite. Quapropter per præsentem jubemus præceptum, ut neque vos, neque juniores vestri, aut successores (4) missi de palatio nostro discurrentes, ipsi Daumero abbate vel monachis ipsius, vel qui per ipsum monasterium sperare videntur, nec condemnare, nec inquietare, nec inferendas sumere, nec de res eorum aliquid minuere penitus non præsumatis. Sed liceat ipso abbate Daumero et successores ejus atque congregatione eorum, quod ad præsens rationabiliter videntur habere, aut adhuc a Deo timentibus hominibus ibi fuerit additum

---

(44) Anulo A C. — (45) calendæ A C. Calend C. — (46) IV A C. quarto C.

(*) Cf. Amplissima collectio I. 6; Bouquet IV, 621; Bréquigny, 51, n° 96; Pardessus, I, 109. K. Pertz, 6, n° 4. Cenomania. J. Havet. Questions mérovingiennes, IV, 63.

(1) Childeberti A C. — (2) Inluster A C. — (3) Dei A C. — (4) : cc missi C.

vel augmentatum, sub omni emunitate vel tuitionis nostræ
sermone valeant tenere atque possidere, quatenus melius eis (5)
delectet pro stabilitate regni nostri misericordiam potius deprecare. Et ut hæc authoritas (6) firmiorem in Dei nomine vigorem
obtineat, manu propria confirmavimus, et de sigillo nostro subter
sigillare decrevimus. Actum Compendio palatio anno XII regni
nostri. Data quarto calendas Maji.

3. — PRECEPTUM CHILPERICI CHLOTHARII REGIS FILII (*).

561-62.

Chilpericus rex Francorum vir iniuster. Si petitionibus servorum vel ancillarum Dei pro quod eorum quietem vel juvamen
pertinet, libenter obaudimus, vel effectui in Dei nomen mancipamus, regiam consuetudinem exercemus, et nobis ad laudem vel
stabilitatem regni nostri in Dei nomen pertinere confidimus. Ideo
venerabilis vir Gallus abbas de monasterio Anisola, quod est in
pago Cenomannico, ubi sanctus Charilephus (1) in corpore
requiescit, vel ubi ipse abba una cum turba monachorum sub
sancto ordine conversare videtur, missa petitione clementiæ regni
nostri expetiit, ut eum et ipsum monasterium una cum omnibus rebus vel (2) hominibus suis, gasindis, amicis, susceptis, vel
qui per ipsum monasterium sperare videntur, vel unde... tuitionis
nostræ, vel mundeburdo nostro recipere deberemus. Quapropter
per has.... jubemus præcep.... successores vel missi de palatio
nostro discurrontes.... Gallum abbatem.... monasterii sui, amicis,
susceptis, vel qui per eumdem sperare videntur, vel unde legitimo
debet mitio, inquietare nec inferendas sumere, nec de res eorum
in lege minuere aliquid (3) audeat, sed liceat eis sub sermone
nostræ tuitionis vel sub emunitate nostra quietos vivere ac
residere ; et si aliquas causas adversum ipsum monasterium ortas
fuerint aut surrexerint.... a vobis aut junioribus vestris absque

(5) eis melius c. — (6) auctoritas A c.
(*) Cf. Amplissima Collectio, I, 6. Bouquet, IV, 623 ; Bréquigny, 50, n° 32.
Pardessus, I, 124 n° 168 ; K. Pertz, 12, n° 9. J. Havet, Questions mérovingiennes,
IV, 01.
(1) Carilephus A. c. — (2) et A. c. — (3) aliquid manque A. c.

eorum iniquo dispendio terminatas non fuerint, usque in præsentia nostra omnimodis servetur, et ibidem finitivam sententiam per legem et justitiam debeant accipere, (4) et unicuique de reputatis conditionibus justitiam reddant, et ab alio simili modo veritatem percipiant, et ut autoritas (5) nostra firmior habeatur per tempora, manus.... subter eam roborare decrevimus.... Chilperic.... quod fecit mens (6). Anno I regni nostri.

4. — PRECEPTUM TEODERICI REGIS (').

676-82.

Teodericus (1) rex Francorum. Si petitionibus servorum vel ancillarum Domini (2) pro (3) quod eorum quietem ac juvamen pertinet, libenter obaudimus ut effectui in Domini (4) nomine mancipamus, regiam consuetudinem exercemus, et nobis ad mercedem pertinere confidimus. Ideoque venerabilis vir Siviardus abba de monasterio Anisola, quod est in pago Cenomannico, ubi sanctus Charilefus (5) in (6) corpore requiescit, vel ubi ipse abba una cum sancta congregatione degit, supplex clementiæ regni nostri expetiit, ut eum ad ipsum monasterium una cum fratribus, vel hominibus suis, gasindis, amicis, susceptis, vel qui per ipsum monasterium sperare videntur, vel unde legitima (7) redebet mitio, vel sermone tuitionis nostræ, vel mundeburdo nostro recipere deberemus, et sub ipso inlustri viro causas ipsius monasterii vel abbatis debeat habere receptas, cui nos gratanti animo præstitisse cognoscite. Quapropter per preceptum presens decrevimus ac jubemus, ut neque vos, neque juniores vestri, neque successores vel missi de palatio nostro discurrentes, vel quislibet ipso domno Syviardo (8) abbate vel homines ipsius

---

(4) vel, A. C. — (5) auctoritas A. C. — (3) mensi A C.

(') Cf. *Amplissima Collectio* I, 7 ; Bouquet, IV, 654; Bréquigny, 268, n° 176. Pardessus II, 161, n° 372. K. Pertz, 45, n° 50. J. Havet. Questions mérovingiennes, IV, 65. On a contesté l'authenticité de ces quatre premiers documents. Voir notre introduction.

(1) Theodericus A c. - - (2) Dei A c. — (3) per A c. — (4) Dei A c. — (5) Carilephus A c. — (6) in manque A c. — (7) legitimo A c. — (8) Siviardo A c.

monasterii, amicis, gasindis, susceptis, vel qui per ipsum monasterium sperare videntur, condemnare, vel inquietare, nec (9) inferendas sumere, nec de res eorom in lege eorum minuere non præsumant.... ut liceat eis sub sermone tuitionis nostræ vel sub emunitatis nostræ quietos vivere ac residere ; et si aliquas causas adversum ipsum monasterium aut mitio ipsius abbatis ortas fuerint aut surrexerint, quas a vobis aut a junioribus vestris absque eorum iniquo dispendio terminatas non fuerint manu eorum.... vestra quousque in præsentiam nostram omnimodis servetur, et ibidem finitivam sententiam per legem et justitiam debeant accipere, et unicuique de reputatis conditionibus justitiam reddant, et ab alio simili modo veritatem percipiant. Et ut hæc autoritas (10) nostra firmior habeatur, per tempora etiam melius conservetur, manu nostra subter signaculis decrevimus roborare. Signum Teodorici (11) datum... fecit mens. jun. dies XI. ann. (12) regni nostri.

Is etiam Teodericus.... tum fecit de V navibus et de totidem carris, ut nullus.... aliquid inde capiat.

5. — PRECEPTUM CHLODOVEI REGIS JUNIORIS (*).

1ᵘ septembre, 693.

Chlodoveus rex Francorum vir inluster omnibus agentibus, presentibus et futuris. Si petitionibus sacerdotum, in quo pro opportunitatibus eclesiarum (1) vel monasteriis nostris patefecerint auribus, libenter audivimus (2) regiam consuetudinem exercemus, et nobis ad mercedem vel stabilitatem regni nostri pertinere confidimus. Ideoque venerabilis Ibbolenus abba de monasterio Anisola, quæ est in pago Cenomannico, in honore peculiaris nostri patronisque pii Carilefi (3) confessoris constructus, per missos suos (4) clementiæ regni nostri detulit in notitiam,

---

(9) vel ᴀ c. — (10) auctoritas ᴀ c. — (11) Theoderici ᴀ c. — (12) anno ᴀ c.

(*) Cf. *Amplissima Collectio*, I, 8 ; Bouquet, IV, 670 ; Bréquigny, 332, nᵒ 226 ; Pardessus, II, 226, nᵒ 423 ; K. Pertz, 56, nᵒ 63. J. Havet, *Questions mérovingiennes*, IV, 67.

(1) ecclesiarum ᴀ c. — (2) audimus ᴀ c. — (3) Carilephi ᴀ c. — (4) suos manque ᴀ c.

eo quod consobrinus noster Guntramnus quondam rex ad ipsum monasterium sub omni immunitate per suam auctoritatem conces-sisset, et hoc postea avi nostri Chlotarius et Dagobertus, seu et Chlodovæus, nec non item *Chlotarius quondam reges*, vel domnus et genitor noster Teodericus (5) quondam rex, per eorum aucto-ritates ipsorum manus roboratas ipsi monasterio hoc confirmas-sent, unde et ipsas præceptiones se ex hoc præ manibus habere affirmant. Et hoc circa ipsum monasterium nullo inquietante adserunt conservari; sed pro totius rei munimine postulat, ut hoc nostra auctoritas in ipso monasterio plenius debeat observari. Quod nos præstitisse et generaliter confirmasse, vestra non dubitet magnitudo. Quapropter per præsentem preceptum jube-mus, ut sicut per auctoritates supra scriptorum principum legun-tur, et usque nunc fuit observatum, neque vos, neque juniores vestri, neque successores vestri (6) neque ad causas audiendum, neque ad freda exigenda, nec mansiones requirendo penitus ingre-dere non præsumatis, nisi per hanc autoritatem firmatam ipse abba successoresque ejus in causis ipsius monasterii ibi Deo famu-lantes, quod ad presens rationabiliter habere videntur, aut a Deo timentibus hominibus ibi fuerit additum vel augmentatum, sub omni immunitate inspectas ipsas præceptiones supra memo-ratorum principum, quas se præ manibus habere affirmant, valeant habere, tenere, possidere, et ibidem ad ipsum locum sanctum per hanc autoritatem nostram hoc quod est firmatum perenniter proficias (7) ad augmentum, ut potius delectet eis melius pro stabilitate regni nostri Domini misericordiam exorare, et ut hæc petitio nostra firmiorem obtineat vigorem, manus nostræ signaculis subter decrevimus adfirmare. Chlodovœus rex † data kl (8) septemb. anno II regni nostri Conpendio (9).

(5) Theodericus A C. — (6) in curtis ipsius monasterii, ces quatre mots sont en plus dans dans A C. — (7) proficiat A C. — (8) kal A C. — (9) Compendio A C.

6. — PRECEPTUM CHILDEBERTI FILII TEODERICI REGIS IMPETRATUM
AB IBBOLENO ABBATE (*).

695-711.

Childebertus rex Francorum vir inluster. Omnibus agentibus,
præsentibus et futuris. Si petitionibus sacerdotum in quo pro
opportunitatibus eclesiarum vel monasteriorum nostris patefecerint auribus libenter audimus, regiam consuetudinem exercemus
et nobis ad mercedem vel stabilitatem regni nostri pertinere
confidimus. Ideoque venerabilis vir Ibbolenus abba de monasterio
Anisola qui est in pago Cenomannico in honore peculiaris patronis nostri pii Charilefi confessoris constructus per missos suos
clementiæ regni nostri detulit in notitiam eo quod consobrinus
noster Guntramnus quondam rex ab ipso monasterio sub omni
immunitate per suam autoritatem concessisset, et hoc postea avi
nostri Chlotharius et Dagobertus seu et Chlodoveus nec non
item Chlotharius etiam et germanus noster item Chlodoveus quondam reges vel domnus et genitor noster Teodericus quondam
rex per eorum autoritates ipsorum manus roboratas ipsi monasterio hoc confirmassent ; unde et ipsas preceptiones se ex hoc
præ manibus se habere confirmant, ut hoc circa ipso monasterio
nullo inquietante asserunt conservatum : sed pro totius rei
munimine postulat ut hoc nostra auctoritas in ipso monasterio
plenius debeat observare atque confirmare. Quod nos præstitisse
et generaliter confirmasse vestra non dubitet magnitudo. Quapropter per præsentem preceptum jubemus ut sicut per auctoritates supra scriptorum principum leguntur et usque nunc fuit
conservatum ; neque vos neque juniores vestri, neque succes-

(*) Les auteurs de l'*Amplissima Collectio*, bien qu'ils n'aient pas inséré ce diplôme dans leur recueil, en avaient pris néanmoins connaissance. C'est ce qui ré-
sulte de la note suivante ajoutée par eux, à la charte précédente. « Extat in eodem
Anisolensi cartario aliud Childeberti II, (*sic*) præceptum iisdem verbis expres-
sum, in quo confirmat privilegia, quæ Guntramnus rex consobrinus, avique
ipsius Chlotarius, Dagobertus, Chlodoveus, item Chlotarius et germanus,
inquit, noster item Chlodoveus quondam reges, vel domnus et genitor noster
Theodericus rex concesserant ».

sores vestri in curtis ipsius monasterii, neque ad causas audiendum neque ad freda exigenda et mansiones requirendo penitus ingredere non præsumatis nisi per hanc auctoritatem supra scriptorum principum leguntur et usque nunc fuit conservatum, nisi per hanc auctoritatem firmatam tam ipse abba suique successores aut congregatio eorum in ipso monasterio Domino auxiliante consistentes quod ad presens rationabiliter videtur habere aut adhuc a Domino timentibus recte ibidem fuerit additum vel augmentatum sub omni immunitate inspectas ipsas preceptiones supra scriptorum principum quem se præ manibus ex hoc habere affirmant, valeant habere, tenere, possidere. Et ibidem ad ipsum sanctum locum per hanc auctoritatem nostram ut hoc quod est firmatum perenniter proficiat ad augmentum. Quo potius eis melius delectet pro stabilitate regni nostri Domini misericordiam exorare. Et ut hæc præceptio firmiorem obtineat vigorem manus nostræ subscriptionibus subter eam decrevimus adfirmare. Childebertus rex.

Is Childebertus rex fecit preceptum V. navium totidemque carrorum ut nullus judicum telonei aut alicujus debiti exigat censum.

7. — PRECEPTUM DAGOBERTI REGIS IMPETRATUM AB IBBOLENO ABBATE ANISOLENSIS CŒNOBII (')

18 janvier 712-715.

Dagobertus rex Francorum vir inluster omnibus agentibus, presentibus atque futuris. Si petitionibus servorum Dei in quo pro opportunitatibus eclesiarum vel monasteriis nostris patefecerint auribus, libenter audimus, regiam consuetudinem exercemus, et nobis ad mercedem vel stabilitatem regni nostri pertinere confidimus. Ideoquo venerabilis vir (1) Ibbolenus abba

---

(') Cf. Martène, *Thesaurus* I, 6; Bouquet, IV, 686; Bréquigny, 393, nº 276; Pardessus, II, 290. K. Pertz, 71, nº 80. J. Havet, *Questions mérovingiennes*, IV, 63.

(1) Vir manque т.

de monasterio Anisola, qui est in pago Cenomannico (2) in honore peculiaris nostri patronis (3) que pii beati videlicet Charilefi (4) confessoris constructus, per missos suos clementiæ regni nostri detulit in notitiam, eo quod consobrinus noster Guntramnus rex ad ipsum monasterium sub omni immunitate per suam auctoritatem concessisset, et hoc postea avi nostri Chlotharius, et item Dagobertus seu et (5) Chlodovæus, necnon et Chlotharius (6), etiam domnus et avus noster Teodericus (7), necnon (8) avunculus noster item Chlodoveus, et præcelsus domnus et genitor noster Childebertus quondam reges, qui per eorum auctoritates ipsorum manus (9) roboratas, ipsi monasterio hoc confirmassent, unde et ipsas preceptiones se ex hoc præ manibus habere affirmant (10), et hoc circa ipsius (11) monasterium, nullo inquietante, asserunt conservatum, sed pro totius rei munimine postulat ut (12) hoc nostra auctoritas in (13) ipso monasterio plenius debeat confirmare, quod nos præstitisse vel generaliter confirmasse (14), vestra non dubitet magnitudo. Quapropter præsenti præcepto jubemus, ut sicut per auctoritates, seu per scripturarium (15) principum leguntur, et usque nunc fuit observatum (16), neque vos, neque priores, neque successores vestri in causis ipsius monasterii, neque ad causas audiendas, neque ad freda exigenda, nec mansiones requirendo, penitus ingredere non presumatis, nisi per auctoritatem firmatam ipse abba suiq. successores atque congregatio eorum in ipso monasterio Domino (17) auxiliante consistentes, quod ad presens rationabiliter habere videntur, aut adhuc a Domino (18) timentibus (19) ibi fuerit additum vel augmentatum sub omni immunitate inspectas ipsas preceptiones supra memoratorum principum quem se præ manibus ex hoc habere affirmant, valeant tenere, possidere, et ibidem ad ipsum locum sanctum per hanc auctoritatem nostram, ut hoc quod est firmatum perenniter proficiat ad augmentum, quod potius eis melius delectet pro stabilitate

---

(2) Cynomanico. T. — (3) patroni. T. — (4) Carilefi. T. — (5) etiam T. — (6) Chlotarius. T. — (7) Theodericus. T. — (8) nec non et. T. — (9) manu. T. (10) adfirmant. T. — (11) ipsum. T. — (12) in. T. — (13) ut in. T. — (14) vel generaliter confirmasse manque. T. — (15) scripturarum. T. — (16) conservatum. T. (17) Deo. T. — (18) Deo. T. — (19) timentibus hominibus. T.

regni nostri Domini misericordiam exorare et (20) deprecare. Et
ut (21) preceptio nostra firmam (22) obtineat vigorem, manus
nostræ subscriptionis roborare, sigilloque nostro hoc decrevimus
adfirmare (23). † In Christi nomine Dagobertus rex. Data sub die
xv kl. febr. (24) Mamacas.

Fecit etiam duo precepta alia de utilitate monasterii nostri.

EXEMPLARIA REGUM MODERNORUM PIPINI SCILICET ET KAROLI
IMPERATORIS EXCELLENTISSIMI, NEC NON ET FILII EJUS ILLUDOVICI
IMPERATORUM PIISSIMI ET DOMINI NOSTRI KARILEFI (1) FILII
VESTRI CARISSIMI.

8. — PRECEPTUM PIPINI REGIS IMPETRATUM A SIGOBALDO ABBATE ANISOLENSIS CENOBII (*)

25 avril, 752.

Dominis (2) sanctis et apostolicis ac venerabilibus in Christo
patribus, omnibus episcopis et abbatibus, comitibus, domesticis,
vicariis, cintenariis, vel omnibus agentis nostris, tam presentis
quam futuris, inluster vir Pipinus (3) rex Francorum bene
cupiens vester. Comperiat caritas seu industria vestra, qui (4)
Sigobaldus abbas de monasterio Anisola, qui est in honore sancti
Karilefi (5) confessoris constructus in pago Cinomannico, in
condita Labrocinse, ad nos venit, et de sua propria potestate
semetipsum et illam congregationem sanctam, quam in regimen
habet, et omnes res eorum in manu nostra plenius commendavit,
et nos gratanti animo ipsum et congregationem ejus in nostro
mundeburdo suscepimus vel (6) retinemus; et hoc petiit, quod
humanum est, ut quando ipso abbas de hac leuce (7) discesserit,

(20) Exorare el, manque T. — (21) ut haec. T. — (22) fi. mum. T. (23) affir-
mare, T. — (24) Cal. Februar. T. le nom du lieu manque.

(*) Cf. Amplissima Collectio, I, 20 ; Bouquet, V, 698 ; Migne, Patrologia latina
XCVI, 1521 ; Mühlbacher, Regesten, n° 64. J. Havet. Questions mérovingiennes,
IV, 71.

(1) Erreur de copiste, pour Karoli. — (2) Domnis, A C. — (3) Pipplnus. A C. —
(4) qula. A C. — (5) Carilefl. A C. — (6) el, A C. — (7) luce. A C.

vel successores ejus qui post eum honus abbatiæ recipiunt, ut
alius abba in ipsa casa sancti Karilefi (8) non ingrediatur, nisi
quod ipsa sancta congregatio de semetipsis eligunt, ipsum
habeant abbatem. Propterea litteras nostras manu nostra firmatas
eidem dedimus, per quem omnino vobis rogamus atque precepi-
mus (9) ut neque vos, neque juniores aut successores vestri
abbatibus ipsius loci, nec mitio potestatis illorum, nec hominibus
qui per ipsos legibus sperare videntur, inquietare vel condemnare, nec de rebus suis abstrahere nec minuere præsumatis, nisi;
ut diximus, liceat eis sub nostro mundeburdo vel deffensione (10) plenius quieto ordine vivere vel residere, et pro nobis
Domini misericordiam attentius jugiter deprecare, et si tales
causæ adversus abbates ipsius monasterii aut hoste (11) fuerint, aut
de homines suos surrexerint, quas in pago absque suo dispendio
recte et rationabiliter definitas non fuerint, eas usque ante nos
omnimodis sint suspensas vel reseratas, et postea ante nos per
legem et justitiam accipiant sententiam, et ut certius credatis,
manu propria subter firmavimus, et de anulo nostro sigillavimus.
Signum Pipini (12) regis Francorum. Chrodingus jussus reco-
gnovit. Data mens. april. D (13) XXV in anno primo regnante
Pipino (14) rege. Actum ad Arestalio palatio publico.

9. — PRECEPTUM PIPINI REGIS A NECTARIO ABBATE IMPETRATUM (').

10 juin 760.

Pipinus (1) rex Francorum vir inluster omnibus nostris tam
præsentibus quam futuris, juvante Domino, qui nos in solio regni
instituit. Si petitionibus servorum vel monachorum Domini, illud
quod ad eorum quietem vel juvamen pertinet, libenter obaudimus, vel effectum in Domini nomen mancipamus, regiam consuetudinem exercemus, et nobis ad laudem vel stabilitatem regni
nostri in Domini nomen pertinere confidimus. Ideoque venera-

(8) Carilefi. — (9) præcepimus A C. — (10) defensione. — (11) Il faut lire
ici, ortæ. — (12) Pippini. A C. — (13) die. A C. (14) Pippino. A C.
(') Cf. Amplissima collectio, I, 27; Bouquet, V, 704; Mühlbacher, 68 n° 89; J.
Havet, Questions mérovingiennes, IV. 73.
(1) Pippinus. A C.

bilis vir Nectarius abba de monasterio Anisola, qui est in pago
Cenomannico ubi sanctus Charilefus (2) in corpore requiescit, vel
ipse abba una cum congregatione monachorum sub sancto ordine
conversare videtur, missa petitione, clementiæ regni nostri
expetiit, ut eum vel ipsum monasterium una cum omnibus vel
homines suos, quod præsenti tempore habere videtur, aut
antea (3) a Deo timentibus hominibus fuerint donati, amicis,
gasindis, susceptis vel quidquid (4) ad ipsum monasterium sperare
videntur, unde legitimo redebet mitio, sub sermone tuitionis
nostræ vel emunitatibus ipsius monasterii, vel mundeburdo
illustris viri Karoli (5) filii nostri, qui causas ipsius abbatis vel monasterii habet receptas, qui nos hoc gratanti animo præstitisse,
vel in omnibus recepisse cognoscite sub tuitione nostra. Quapropter per præsentem decrevimus preceptum, ut neque vos,
neque juniores successoresque vestri, nec missi de palatio nostro
discurrentes, sicut in anteriore precepto nostro in omnibus
continet, ut inspectas ipsas (6) priorum principum auctoritates
nullus infringat, atque sit hoc a nobis suggestum, ut nullus
quislibet de judiciara potestate per vicos aut in villas ipsius
monasterii ad causas audiendum, vel ferenda et sectanda, simul
que freda exigenda, nec fide jussores tollendum, nec mansiones
aut paratas faciendum, nullus episcopus, nec ullus comes (7),
nec juniores eorum nullas redibitiones ad requirendum ibidem
ingredere non præsumant; sed sicut ipsum beneficium antecessorum regum ad jam dictum monasterium usque nunc fuit conservatum, ita deinceps per nostram auctoritatem generaliter
maneat inconvulsum. Nisi ut liceat eis sub sermone tuitionis
nostræ, vel humanitatis et mundeburdo prædicti Karoli quietos
vivere ac residere, et die noctuque pro nobilitate regni nostri et
ipsius Karoli (8), qui eorum causas habet receptas, jugiter Dei
misericordiam et omnium sanctorum deprecare. Et si tales causas
adversus ipsum monasterium aut contra abbates ipsius loci ortas
fuerint aut surrexerint, qua, (9) a vobis aut a junioribus vestris

---

(2) Charilephus. A o. — (3) Antea manque A c. — (4) quicquid A o. — (5) Caroli A c. — (6) ipsas manque A o. — (7) comis A c. — (8) Caroli A o. — (9) qua
A c.

absque eorum iniquo dispendio terminatas non fuerint, usque in nostram præsentiam, vel ante ipsum illustro viro Karolo (10) omnimodis reserventur, et ibidem finitivam sententiam per legem et justitiam accipiant, et unicuique de reputatis conditionibus justitiam reddant, et ab alii simili modo veritatem percipiant. Et ut hæc autoritas (11) firmior sit, vel tempora melius conservetur, manus nostræ subter signaculis decrevit roborare. Signum domni nostri Pippini regis Francorum. Ego Widmarus jussus recognovi. Datam quod fecit mens. (12) jun. (13) dies X anno nono regni nostri Vermeria.

10. — PRECEPTUM KAROLI MAGNI SUPER COMMUTATIONEM QUÆ FACTA EST INTER MEROLUM CENOMANENSIUM EPISCOPUM ET RABIGAUDUM ABBATEM ANISOLENSEM (*).

19 février 774.

Karolus gratiæ (1) Dei rex Francorum vir inluster, omnibus fidelibus nostris tam presentibus quam et futuris. Si hoc quod rectores eclesiæ pro opportunitate venerabilium locorum inter se commutantur, nostris oraculis confirmamus, regiam consuetudinem exercemus, et id in postmodum jure firmissimo mansurum esse credimus. Igitur notum sit omnium vestrorum magnitudini, qualiter viri venerabiles Merollus (2) Cenomannis urbis episcopus atque Rabegaudus (3) ex Anisola monasterio abbas ad nostram accesserunt præsentiam, asserentes se pro opportunitate ambarum partium res eclesiæ inter se concamiare: unde et ipsas commutationes bonorum hominum manibus roboratas in presenti ostenderunt legendas: ubi et cognovimus qualiter dedit et memoratus episcopus de ratione sancti Gervasii Rabigaudo abbati ad opus sancti Karilefi (4), villa illa quæ vocatur Sabonarias (5) in

(10) Carolo A C. — (11) auctoritas A C. — (12) mensis A C. — (13) junius A C. — (14) Vermerias A C.

(*) Cf. Amplissima Collectio, I, 35; Bouquet, V, 723; Migne, Patrologia, XCVII, 930; Cauvin, Géographie ancienne du diocèse du Mans, XLVII; Mühlbacher, n° 150. J. Havet, Questions mérovingiennes, IV, 74.

(1) gratia A C. — (2) Meroldus A C. — (3) Rabigaudus A C. — (4) Carilefi A C. — (5) Il s'agit ici, croyons-nous, d'une villa sise à Saint-Georges-de-Jacoué,

pago Cenomannico, in condita Labrosinensæ (6), quem domnus Senardus suo opere a novo construxit, et ibidem requiescit, cum omnibus rebus ad se pertinentibus vel aspicientibus, id est, omnibus terris, domibus, edificiis, accolabus, mancipiis, litis, libertis, et beneficia ingenuorum, vincis, sylvis (7), campis, pratis, pascuis, aquis aquarumve decursibus, mobilibus et immobilibus : faninariis (8) gregis cum pastoribus ; omnia et ex omnibus, cum omni supellectile quidquid (9) dici aut nominari potest. Similiter hæc contra in compenso dedit jam fatus Rabigaudus de ratione sancti Karilefi (10) Merolo (11) episcopo ad opus sancti Gervasii villa quæ vocatur Curte Bosane et monte Ebretramno in pago Cenomannico, in condita Siliacinse, cum omnibus appenditiis suis, cum terris, domibus, edificiis, mancipiis, litis, libertis, et beneficia ingenuorum, vincis, sylvis (12), campis, pratis, pascuis, aquis, aquarumve decursibus, mobilibus et immobilibus, petulium utriusque sexus tam majora quam minora, omnia et ex omnibus, quidquid (13) dici et nominari potest ad integrum. Sed pro integra firmitate petierunt jam dicti viri celsitudinis nostræ ut hoc per nostram autoritatem (14) confirmare deberemus. Quorum petitionibus (15) gratanti animo ita præstitisse vel confirmasse cognoscitur. Precipientes ergo jubemus, ut quidquid (16) pars ab (17) altera contulit parti, aut econtra (18) in reconpensatione recepit, ab hoc die per hanc autoritatem inspectas ipsas commutationes, sicut per eas declaratur, habendi, tenendi, commutandi, vel quidquid (19) ex inde unusquisque quod a pare suo accepit, ad perfectum ejusdem eclesiæ exercere voluerit, liberam et firmissimam in omnibus habeant potestatem, et neque ab ipsis prædictis viris, neque a successoribus illorum ullo umquam tempore ipsæ commutationes violentur : unde duas commutationes uno tenore conscriptas fieri

canton deLucé, Sarthe, et sur les bords d'un ruisseau qui porte encore le nom de Savonnières. L'abbaye de Saint-Calais a possédé jusqu'en 1789, deux fermes sur la même paroisse. — (6) Labrecinse A C. — (7) et silvis A C. — (8) farinariis A C. — (9) quicquid A C. — (10) Carilefi A C. — (11) Merolde A C. — (12) silvis A C. — (13) quicquid A C. — (14) auctoritatem A C. — (15) petitioni A C. — (16) quicquid A C. — (17) ab manquo A C. — (18) contra A C. — (19) quicquid A C.

2

jussimus, quas manu propria firmavimus, et de anulo nostro sigillare jussimus. Signum Karoli gloriosissimi regis. Idherus (20) recognovi. Datum XI kl. (21) mart. (22) anno VI regni nostri. Papiacia (23) civitate publice.

11. — PRECEPTUM KAROLI MAGNI DE IMMUNITATE (*).

Juillet 771.

Karolus gratia Dei rex Francorum vir illuster omnibus agentibus nostris tam præsentibus quam et futuris juvante Domino qui nos in solium regni instituit. Si petitionibus servorum vel monachorum Domini pro quod eorum quietem vel juvamen pertinet liberum obaudimus vel ad effectum in Domini nomen mancipamus, regiam consuetudinem exercemus, et nobis ad laudem vel stabilitate regni nostri in Domini nomen pertinere confidimus. Ideoque venerabilis vir Rabigaudus abba de monasterio Anisola qui est in pago Cenomannico constructus ubi sanctus Karilefus in corpore requiescit, vel ipse abba cum congregatione monachorum sub sancto ordine conversare videtur, missa petitione clementiæ regni nostri expetiit ut eum vel ipsum monasterium una cum omnibus rebus vel homines suos quod presenti tempore habere videtur aut in antea a Domino timentibus hominibus fuerint collata aut condonata, amicis, gasindis, susceptis, vel quid per ipsum monasterium sperare videntur, unde legitimo redebet mitio sub sermone tuitionis nostræ vel immunitatis ipsius monasterii vel mundeburdo filii nostri Karoli qui causas ipsius abbatis vel monasterii sui habet in tuitione receptas. Cui nos hoc gratanti animo præstitisse vel in omnibus recepisse cognoscitur. Quapropter presentem decrevimus ac jubemus preceptum ut neque vos neque juniores successoresque vostri, nec missi de palatio nostro discurrentes ut inspecta ipsa priorum regum auctoritas

(20) Idherius A c. — (21) cal A c. — (22) martii A c. — (23) Papia A c.

(*) Mabillon, bien qu'il n'ait point inséré ce diplôme dans ses *Annales*, le connaissait cependant, puisqu'il en fait mention dans les termes suivants : Idem Rabigaudus jam a Carolo præceptum immunitatis obtinuerat apud Valentianas anno regni ejus tertio. Cf. J. Havet, *Questions mérovingiennes*. IV, 70.

declarat, nec ullus quislibet de judiciaria potestate in vicos aut in villas ipsius monasterii ad causas audiendum nec ulla inferenda exactanda vel freda exigenda nec fide jussores tollendos, nec mansiones aut paratas faciendas. Nullus episcopus, nec ullus comes, nec juniores corum nullas retributiones ad requirendum ibidem ingredere non presumant, sed sicut ipsum beneficium antecessorum regum ad jam dictum monasterium usque nunc fuit conservatum, ita deinceps per nostram autoritatem generaliter maneat inconvulsum. Nisi liceat eis sub sermone tuitionis nostrae vel immunitatis nostrae et mundeburdo praedicto filio nostro valeat quiete vivere ac residere et die noctuque pro nobis vel regni nostri, vel pro memorato filio nostro Karolo qui eorum causas habet receptas jugiter Domini misericordiam et omnium sanctorum deprecare. Et si tales causae adversus ipsius monasterium aut contra abbates monasterii supra dicti ortae fuerint aut surrexerint quas a vobis aut a junioribus vestris absque eorum iniquo dispendio terminatae non fuerint usque in nostram praesentiam vel ante filium nostrum Karolum omnimodis reserventur, et ibidem finitiva sententia per legem et justitiam debent accipere, et unicuique de reputatis conditionibus justitiam reddant, et ab aliis simili modo veritatem recipiant, et ut haec autoritas firmior sit vel per tempora melius observetur, manus nostrae subter signaculis decrevimus roborandas. Signum Karoli gloriosissimi regis. Idherus recognovi. Data mens. jul. anno III. actum Valentianas feliciter.

12. — PRECEPTUM KAROLI MAGNI DE IMMUNITATE (*).

17 novembre 779.

Karolus gratia Domini rex Francorum vir illuster omnibus agentibus nostris tam praesentibus quam et futuris, juvante Domino qui nos in solium regni instituit. Si petitionibus servorum vel monachorum Domini pro quod eorum quietem vel juvamen pertinet liberum obaudimus, vel ad effectum in Domini nomen mancipamus regiam consuetudinem exercemus, et nobis

(*) Cf. J. Havet, Questions mérovingiennes, IV, 78.

ad laudem vel stabilitate regni nostri in Domini nomen pertinere
confidimus ; ideoque venerabilis Ebroinus abba de monasterio
Anisola qui est in pago Cenomannico constructus ubi sanctus
Charilefus in corpore requiescit, vel ipse abba cum congregatione
monachorum sub sancto ordine conversare videtur, missa petitione
clementiæ regni nostri expetiit ut cum vel monasterium ipsum
una cum omnibus rebus vel homines suos quod presenti tempore
habere videtur aut in antea a Domino timentibus hominibus fuerint
collata aut condonata, amicis, gasindis, susceptis vel qui per
ipsum monasterium sperare videntur, unde legitimo redebet
mitio sub sermone tuitionis nostræ vel immunitatis ipsius
monasterii vel mundeburdo filii nostri Karoli qui causas ipsius
abbatis vel monasterii sui habet in tuitione receptas : cui nos hoc
gratanti animo præstitisse vel in omnibus recepisse cognoscitur.
Quapropter presentem decrevimus ac jubemus preceptum ut
neque vos neque juniores successoresq. vestri nec missi de
palatio nostro discurrentes ut in inspecta ipsa priorum regum
auctoritas declarat, nec ullus quislibet de judiciaria potestate in
vicos aut in villas ipsius monasterii ad causas audiendum nec
ulla inferenda exactanda vel freda exigenda nec fide jussores
tollendos, nec mansiones aut paratas faciendas. Nullus episcopus
nec ullus comes, nec juniores eorum nullas redibitiones ad
querendum ibidem ingredere non præsumant, sed sicut ipsum
beneficium antecessorum regum ad jam dicto monasterio usque
nunc fuit conservatum. Ita deinceps per nostram auctoritatem
generaliter maneat inconvulsum ; nisi ut liceat eis sub sermone
tuitionis vel immunitionis nostræ et mundeburdo predicti filii
nostri valeat quietus vivere ac residere et die noctuque pro nobis
vel stabilitate regni nostri et memorato filio nostro Karolo qui
eorum causas habet receptas jugiter Domini misericordiam et
omnium sanctorum deprecari. Et si tales causas adversus ipsum
monasterium aut ipsius abbatis ortæ fuerint aut surroxerint quas
a vobis aut junioribus vestris absque eorum iniquo dispendio
terminatas non fuerint usque in nostram presentiam reserventur,
vel in presentia filii nostri reserventur, et ibidem finitivam per
legem et justitiam debeant accipere sententiam, et unicuique de
reputatis conditionibus justitiam reddant, et ab aliis simili modo

recipiant, et ut hæc auctoritas firmior sit, vel per tempora melius conserventur manu nostræ subter signaculis decrevimus roborare, et de anulo nostro jussimus sigillare. Signum Karoli gloriosissimi regis. Gislebertus ad vicem Radonis recognovi. Data sub die XV k. l. decemb. anno XII et VI regni nostri. Actum Vurmatia civitate in Dei nomine.

13. — PRECEPTUM HLUDOVICI IMPERATORUM PIISSIMI (*)

25 août 814.

In nomine Domini Dei et Salvatoris Jesu Christi, Hludovicus (1) divina ordinante clementia imperator augustus, omnibus episcopis, abbatibus, ducibus, comitibus, vicariis, cintenariis (2), actionariis, missis nostris discurrentibus, vel cunctis fidelibus (3) sanctæ Domini eclesiæ et nostris presentibus scilicet et futuris, notum sit quia sacerdotum ac servorum Domini petitiones quas nobis pro suis necessitatibus innotuerint ad effectum perducimus, non solum imperialem consuetudinem exercemus, verum etiam ad beatitudinem et eternæ retributionis talia nobis facta profutura confidimus; proinde comperiat omnium fidelium nostrorum magnitudo et (4) solertia quia vir venerabilis Adalgysus (5) abba ex monasterio Anisola (6) quod est constructum in honorem sancti Karilefi ubi ipse corpore requiescit in pago Cenomannico, veniens ad nos detulit serenitati nostræ preceptum domini (7) ac genitoris nostri Karoli serenissimi imperatoris, in quo continebatur qualiter ipso et avus noster Pipinus, bonæ memoriæ rex, seu antecessores eorum reges videlicet priores, ob amorem Dei, tranquillitatemque francorum (8) ibidem consistentium, semper ipsum monasterium sub plenissima defensione et emunitatis tuitione habuissent; sed pro firmitatis studio petiit predictus abba

(*) Cf. Bouquet, VI, 460; Migno, Patrologia, CIV, 986 ; Mühlbacher n° 512. J. Havet, Questions mérovingiennes, IV, 70.

(1) Hludowicus. B. — (2) centenariis. B. — (3) fidelibus, manque la suite jusqu'à proinde comperiat B. l'éditeur a remplacé tous ces mots omis par etc. — (4) magnitudo et, manque B. — (5) Adalgisus. B. — (6) Les mots qui suivent jusqu'à Cenomannico inclusivement manquent. B. — (7) domni. B. — (8) fratrum. B.

ut circa ipsum sanctum locum denuo talia concedere pro mercedis nostræ augmento et confirmare (9) deberemus. Cujus petitionem pro divino amore renuere noluimus ; sed in omnibus et presentes et futuri fideles sanctæ eclesiæ et nostri ita concessum atque perpetuo a nobis confirmatum esse cognoscant. Præcipientes ergo jubemus ut nullus judex publicus, neque quislibet ex judiciaria potestate, nec ullus ex fidelibus sanctæ eclesiæ aut (10) nostris, in eclesias aut loca vel agros, seu reliquas pocessiones (11) prædicti monasterii, quas moderno tempore juste et rationabiliter possidere videtur in quibuslibet pagis et territoriis infra ditionem imperii nostri, nemo (12) ad causas audiendum (13), vel freda exigenda, aut inferendas exactanda (14) sive mansiones vel paratas faciendas , nec fidejussores tollendos , aut homines ejusdem eclesiæ distringendos nec ullas redibitiones aut inlicitas occasiones (15) ullo umquam tempore ingredi audeat vel exactare presumat ; sed liceat memorato abbati suisque successoribus res prefatæ eclesiæ sub emunitatis deffensione (16) quieto tramite possidere, et nobis fideliter deservire, atque pro stabilitate nostra vel totius imperii a Deo nobis concessi atque conservandi, unâ cum fratribus suis Domini misericordiam exorare ; et ut et (17) auctoritatis confirmatio firmior ac robustior habeatur , et ab omnibus fidelibus sanctæ Dei eclesiæ et nostris diligentius conservetur, manu propria subscripsimus, et anuli (18) nostri impressione signari jussimus. Signum Ludovici (19) serenissimi imperatoris. Helisachar recognovi. Data VIII. k. l. (20) septemb. anno I (21). Christo propitio imperii nostri, indictione septima. Aquisgrano (22) palatio in Dei nomine (23).

(9) talia pro mercedis nostræ augmento concedere et confirmare. B. — (10) et. B. — (11) possessiones. B. — (12) nemo, manque B. — (13) audiendas B. — (14) exactandas. D. — (15) occasiones requirendas. B. — (16) defensione. B. — (17) hæc. B. — (18) annuli. B. — (19) Hludowici. D. — (20) cal. B. — (21) primo. B. — (22) Actum Aquisgrani. B. — (23) D. ajoute encore, feliciter amen.

14. — PRECEPTUM HLUDOVICI IMPERATORIS DE ELECTIONE ABBATIS (*).

31 mai 825.

In nomine Domini Dei et Salvatoris nostri Jesu Christi. Hludovicus divina ordinante providentia imperator augustus, omnibus fidelibus scilicet (1) Dei eclesiæ, et nostris, seu etiam Domino (2) dispensante nostris successoribus (3). Notum sit quia vir venerabilis Alboinus abba monasterii scilicet (4) sancti Charilefl, quod dicitur Anisola, ad nostram accedens clementiam, suggessit mansuetudini nostræ, ut sicut auctoritas canonica et regularis jubet, monasterio, cui ipse Deo autore (5) præest, per nostrum preceptum confirmare ut post ejus obitum, si talis inventus in prædicto monasterio fuisset, qui secundum regulam sancti Benedicti monachis Deo ibidem militantibus præesset, prodesse potuisset, licentiam haberent inter se eligendi abbatem. Cuius deprecatione (6) quia juste et rationabilis nobis visa est, aurem accommodavimus, et hos nostros imperiales apices fleri jussimus, per quos decernimus atque jubemus, ut post predicti abbatis discessum, si talis ibi de eadem congregatione inventus repertus fuerit, qui ceteros secundum regulam scilicet (7) sancti Benedicti regere possit, licentiam habeant inter se eligendi abbatem, qualiter ipsam congregationem pro nobis, conjuge (8) proleque nostram, atque (9) stabilitate totius imperii nostri hilariter Domini misericordiam exorare delectet : Et ut hanc autoritatem a nobis factam verius credatis, et diligentius conservetis manu propria nostra subterfirmavimus, et anuli nostri impressione signare jussimus. Signum Hludovici serenissimi imperatoris. Durandus diaconus ad vicem Fridegisi recognovi. Data primo k. l. (10) junii, anno Christo propitio XII. domini (11) Hludovici seren. (12) imp. indictione III (13). Actum Aquisgrano regio palatio (14).

(*) Cf. *Thesaurus*, I. 23; Bouquet, VI, 545. Migne, *Patrologia*, CIV, 1146. Mühlbacher n° 771. J. Havet, *Questions mérovingiennes*, IV, 85.

(1) sanctæ. T. — (2) Deo. T. — (3) successoribus nostris. T. — (4) scilicet, manque T. — (5) auctore. T. — (6) deprecationem. T. — (7) scilicet, manque T. — (8) conjuge nostra. T. — (9) et. T. — (10) pridie calendas. T. — (11) domni. T. — (12) seren. manque T. — (13) tertia. T. — (14) palatio regio. T.

15. — PRECEPTUM DOMINI NOSTRI KAROLI REGIS DE IMMUNITATE (*).

24 mai 850

In nomine sanctæ et individuæ Trinitatis. Karolus Dei gratia (1) rex. Omnibus episcopis, abbatibus, ducibus, comitibus, vicecomitibus, vicariis, cintenariis (2), actionariis, missis nostris discurrentibus (3), vel cunctis fidelibus sanctæ Dei eclesiæ et nostris, præsentibus et futuris : notum sit quia, si sacerdotum ac servorum Dei petitiones, quas nobis pro suis necessitatibus innotuerint, ad effectum producimus, non solum imprevaricabilem (4) exercemus, verum etiam et beatitudinem æternæ retributiónis talia nobis facta profutura credimus promereri. Proinde comperiat omnium fidelium nostrorum solertia, quia venerabilis vir Reinaldus abba ex monasterio Anisola, quod est constructum in honore sancti Charileß (5) ubi et ipse corpore requiescit, in pago Cenomannico, veniens ad nos detulit serenitati nostræ preceptum domini ac genitoris Hludovici (6), serenissimi imperatoris, in quo continebatur, qualiter ipse et avus noster imperator augustus seu antecessores eorum, priores scilicet reges, ob amorem Domini (7) tranquillitatemque fratrum ibidem consistentium, semper ipsum monasterium sub plenissima deffensione (8) et emunitatis tuitione habuissent ; sed pro firmitatis studio (9) petiit predictus abba ut circa ipsum sanctum locum denuo talia pro mercedis nostræ augmento concedere et confirmare deberemus. Cujus petitionem pro divino amore rennuere noluimus, sed in omnibus et presentes et futuri fideles sanctæ Domini eclesiæ, et nostri, ita concessum, atque perpetuo a nobis confirmatum esse cognoscant. Præcipientes ergo jubemus ut nullus judex publicus, neque quislibet ex judiciaria potestate nec ullus ex fidelibus sanctæ Dei eclesiæ ac nostris in eclesias aut loca, aut agros, seu reliquas predicti monasterii, quas moderno tempore juste et rationabiliter possidere videtur,

(*) Cf. Bouquet, VIII, 509. J. Havet, *Questions mérovingiennes*, IV, 82.
(1) Gratia Dei. B. — (2) centenariis. B. — (3) Manque la suite jusqu'à proinde comperiat. — (4) Le sens réclame le mot *consuetudinem*. — (5) Carileß. B. — (6) domni ac genitoris nostri Hludowici. B. — (7) Dei. B. — (8) defensione. B. — (9) manque la suite jusqu'à Signum Karoli. B.

in quibuslibet pagis et territoriis infra ditionem regni nostri,
nemo ad causas audiendum, vel freda exigenda, vel inferendas
exacta sive mansiones, vel paratas faciendas, nec fidejussores
tollendos aut homines ejusdem eclesiæ distringendos, nec ullas
redibitiones, vel inlicitas occasiones ullo umquam tempore ingredi
valeat vel exactare presumat ; sed liceat memorato abbati suisque
successoribus res prefatæ eclesiæ sub emunitatis deffensione
quieto tramite possidere et pro nobis feliciter atque pro stabilitate
regni nostramque una cum fratribus ibidem Domino famulantibus
Domini misericordiam exorare. Et ut hæc autoritatis nostræ confirmatio firmior habeatur ac robustior, et ab omnibus fidelibus
sanctæ Domini eclesiæ et nostris diligentius conservetur, manu
propria subter firmavimus et de anulo nostro sigillare jussimus.
Signum Karoli gloriosissimi regis. Bartolomeus (10) ad vicem
Hludovici recognovi. Data VIIII. k. l. jun. (11) anno. X. regnante
Karolo glorioso rege, indict. XIII. Actum Vermeria palatio (12).

16. — PRECEPTUM DOMINI ET PROTECTORIS NOSTRI KAROLI DE ELECTIONE (*).

24 mai 850.

In (1) nomine sanctæ et individuæ Trinitatis, Karolus gratia Dei
rex. Si servorum Domini (2) non inrationabilibus petitionibus
benignum assensum præbemus, regiæ celsitudinis opera frequen-
tamus. Itaque notum sit omnibus sanctæ Domini (3) eclesiæ
fidelibus, et nostris, presentibus atque futuris, quia venerabilis
vir Reinoldus abba monasterii sancti Charilefi, quod vocatur
Anisola, ad nostram accedens sublimitatem, humiliter petiit ut
eamdem a nobis sibi commissam et datam abbatiam omnibus diebus
vitæ suæ habendam per nostræ autoritatis preceptum denuo
confirmare dignaremur. Ejus in eo (4) petitionem clementi aure

---

(10) Bartholomæus. B. — (11) Data IX cal. junii. B. — (12) Actum Vermeria
palatio regio in Dei nomine feliciter. Amen. B.

(*) Cf. Thesaurus, I. 35; Bouquet, VIII, 510. J. Havet, Questions mérovingiennes, IV, 84.

(1) In Dei. T. — (2) Dei. T. — (3) Dei. T. — (4) ejus incompetitionem. T.

excipientes, hoc scriptum altitudinis nostræ fieri jussimus, per quod secundum preces ejus, eamdem iterum cellam secundum regulam sancti Benedicti ab eo gubernandam, ei committimus (5); videlicet ut quandiu secundum proprium propositum in Dei voluntate vixerit, atque in nostra fidelitate duraverit, ipsam superius nominatam abbatiam cum omnibus sibi juste legaliterque attinentibus rebus, securus teneat atque possideat, et regulari institutione disponat: post suum vero ex hac vita decessum, licentiam habeant simul cum nostræ (6) autoritatis ascensu (7) monachi ejusdem loci, si inter eos inveniri potest, secundum canonicam autoritatem, et sacratissimi patris Benedicti traditionem, ex se se (8) eligendi abbatem. Si autem contigerit eum, quem sibi prestituendum eligerint (9), pro suis nequiter admissis, aut in Deum, aut in propositum suum, sive (10) in nos, ab eadem obedientia prelationis amoveri, sive expelli, non hac serenitatis nostræ autoritatem (11) concessionis eligendi abbatem priventur. Sed quandiu ex ipsis inveniri poterit, qui eis et præesse, et prodesse possit, veluti premissum est, semper habeant licentiam de se se eligendi regularem abbatem sine cujuspiam fidelium sanctæ Dei eclesiæ, nostrorum aut futurorum temporum contradictione sive impedimento. Et ut hæc magnificentiæ nostræ autoritas semper in Christi nomine meliorem obtineat firmitatem, manu nostra eam subter firmavimus et de anulo nostro sigillari jussimus. Signum Karoli (12) gloriosissimi regis. Bartolomeus (13) notarius ad vicem Illudovici recognovi. Data VIIII. k. l. jun. (14) anno X. regn. Karolo glorioso (15) rege. Indict. XIII. Actum Vermeria palatio (16).

---

(5) commisimus. T. — (6) nostro. T. — (7) assensu. T. — (8) se. T. — (9) elegerint. T. — (10) aut. T. — (11) auctoritate. T. — (12) Caroli. T. — (13) Bartholomeus. T. — (14) Data IX. Calendas Junii, T.   (15) gloriosissimo. T. — (16) Actum Vermeria, palatio regio in Dei nomine feliciter. Amen. T.

17. — INCIPIT PRIVILEGIUM SANCTORUM PRAESULUM APUD
BONOILUM VILLAM CONCILIUM CELEBRANTIUM (').

24 août 855.

In nomine summæ et incomparabilis clementiæ adorandæ,
scilicet et incomparabilis Trinitatis. Cum sacrosancti conventus
fraterna societas venerabilium præsulum Bonoilum unanimem
sui exhiberet præsentiam, vocatione magni atque ortodoxi (1).
regis serenissimi Karoli anno incarnationis dominicæ cccdlv (2),
indictione prima, regni etiam memorati augusti XVI, inter cetera
variarum rerum sanctæ matris eclesiæ sinu erumpentia discri-
mina, quæ (3) sacrorum presentium antistitum ibidem sanxerat
dignatio conferenda et autoritate sibi conlata in pristinum et
necessarium ordinem relevanda ; optulit (4) se eo corum paternæ
et piissimæ conlationi ordinis monastici cultus ac status ejusdem professionis, ipsorum quidem regimini pastorali solatio
subvehenda ac confovenda religio, quæ quondam in patribus
virtute divina promulgata refloruit, sed jam nunc emergentium
tempestatum procellis attrita, vada sui portus inexplebili nau-
fragio subigens optati littoris (5) quietem adire non patitur. Hujus
igitur institutionis utilitates, et convenientes pro tempore neces-
situdines, cum efficatius (6) pertractare, et eas solerti cura Christi
freti juvamine, ad effectum usque idem sacer conventus optaret
efferre, Rainaldum religionis cultu et vitæ merito venerabilem,
eidem sacro concilio, cum quibusdam aliis sanctitatis firma (7)
reverendis abbatibus residentem, accidit commissi sibi cenobii
pii patris et pretiosi (8) confessoris Charilefi (9) inconvenientias,
et fratrum in ea consistentium oppressiones et calamitatum
anxietudines studio gregis contraditi lacrymabili sermone pro-
sequi. Interq̃. (10) suæ sermocinationis alloquia, protulit preceptiones regum catholicorum , ortodoxorum (11) suprafato

(') Cf. Mabillon, *Annales*, III, 668 ; *Thesaurus*, IV, 59 ; Mansi, XV, 21 ; J.
Havet, *Questions mérovingiennes*, IV, 85.

(1) Orthodoxi. A. T. — (2) DCCCLV. A. T. — (3) quæ, inanque A. — (4) obtulit
A. T. — (5) litoris. A. — (6) efficacius, A. — (7) forma A, fama T. — (8) preciosi
A. — (9) Carilefi A. T. — (10) atque A breviterque T. — (11) orthodoxorum A. T.

monasterio conlatas pro Dei omnipotentis amore et sanctorum
veneratione ibique consistentium monachorum remota et incon-
cussa quiete, qualiter identidem monasterium per successiones
temporum illustrium regum immunitatum titulos et securitates
perceperit, quibus felici successu divina id providente clementia,
salubri et efficaci tramite hactenus deguerit. Ipsis etiam eisdem-
que (12) preceptionibus adnexum juste et rationabiliter inerat, ut
monachi jam dictæ congregationis regularis propositi studio
contenti, sub norma beati Benedicti patris cœnobitice viventes,
ex propria congregatione sibi eligendi abbatem jus habeant
licentiam et facultatem : nempe ut quibus cor unum et anima
una necessario est habenda, patri spiritali tam corpora quam
corda (13) subdentes, jugo etiam Christi suavi et honeri (14),
levissimo colla submittentes (15), obedientiæ freno devincti
discant patri spiritali (16) se suaq. committere. Preterea harum
preceptionum irruptiones et violentissimas quorumdam instinctu
ipsius loci (17) infectiones (18) asserentium subdole jure possessionis propriæ idem monasterium debere subjici urbi Cenomannicæ (19) prænominatus vir venerabilis Rainaldus abba eviden-
tissimis intimavit, cum nihil horum acta et preceptorum confir-
mationes præscriptæ contineant, sed potius hæc interdicant,
amputent et inhibeant. Quapropter prædictorum beatorum antistitum unanimitas pari assensu, communi quoque voto retractans,
et regularis autoritatis (20), et regiæ collationis ac corroborationis
gesta concordi æquitatis vigore (21) libramine, acta sæpe
dicta (22) piissimorum regum sanctæ religionis patrata intuitu
de reliquo intemerata manere percensuit. Ne vero ab aliquo
eorumdem patrum sacrosancta institutio ausu temerario aggredi
præsumatur, neque quis id nefario conamine portentet irrumpere
quod proprie autoritatis tenore, cuique ipsorum libuerit confirmare, necessario placuit adnotare. Statuimus ergo, optamus et
communi æquitatis autoritate (23) determinamus, ut sæpe dictum

(12) quæ manque T. — (13) tam corda quam corpora. T. · (14) oneri. A.
T. — (15) summittentes. A. T. — (16) patris spiritalis. T. — (17) loci manque T.
— (18) Infestationes A. — (19) Cinomanninæ A. Cinomannicæ. T. — (20) auctori-
talis, A. T. — (21) vigere. A. T. — (22) prædicta, A. T. — (23) auctoritate. A. T.

monasterium beatissimi Charileß (24) confessoris, omni libertate
monasticæ religionis adepta, pace et quiete, per Christi gratiam
potita, ordine libero et inconcusso per succedentia quietum valeat
degere tempora ita ut non episcopus, nulla extera persona, laicalis
seu clericalis, ad hoc inquietandum, perturbandum ac sollicitan-
dum, aut invadendum vel possidendum monasterium aspiret, nec
etiam prememoratæ urbi Cinomannicæ (25) proprietate rerum
subjaceat, cum liberum sit dono antiquorum regum, præter
communem canonum autoritatem (26) a propriis pontificibus
ipsi et universis monasteriis conservandam, sed liceat eidem
loco de proprio grege juxta regularis vitæ autoritatem (26) proprium habere pastorem. Si quis autem his nostris constitutionibus
refragari nisus fuerit, et multipliciter præscriptam principum
bonitatem et indulgentiam, simul etiam nostræ autoritatis (27)
instituta, per quamcumque calliditatem seu cupiditatem infrin-
gere, et aliquo modo pervertere præsumpserit (28), anathematis
ultione se plectendum noverit, justo Dei omnipotentis quem
sacrilege irritavit una cum nostræ autoritatis (29) judicio. Postre-
mo tenorem hujusce firmitatis, potestate nobis a Domino cœlitus
contributa dicente : Quæcumque ligaveris super terram erunt
ligata et in cœlo, eo sermone ligamus, ut quicumque vel (30) hæc
inrumpere (31), vel aliter quam a nobis sunt statuta, ligata
solvere, aut solvenda ligare percensuerit, nequaquam se in celesti
regione solvendum, sed clauso eterni regni aditu in tenebras
exteriores ligandum esse cognoscat, nisi digna satisfactione cor-
rexerit, quod arroganti impietate præsumpsit (32). Harum itaque
sanctionum evidentissimam confirmationem manibus sacrorum
presentium pontificum subter notatam, absentium quoque consa-
cerdotum nec minus idoneis astipulationibus (33) per Christum
et in Christo fulciri postulamus.

(24) Carileß, ᴀ ᴛ. — (25) Cinnomanicæ ᴛ. — (26) auctoritatem, ᴀ. ᴛ. — (27)
auctoritatis, ᴀ. ᴛ. — (28) præsumserit. ᴀ. ᴛ. — (29) auctoritatis, ᴀ. ᴛ. — (30)
vel manque. ᴀ. ᴛ. — (31) irrumpere ᴛ. — (32) præsumsit. ᴀ. ᴛ. — (33) adsti-
pulationibus. ᴀ.

Amalaricus (34) gratia Dei Turonicæ metropolis eclesiæ humilis episcopus sub signo sanctæ crucis volui, consensi etc. (35).

Wenilo (36), munere divino Sennonensis (37) eclesie episcopus huic privilegio assensum præbui (38).

Incmarus sanctæ metropolis eclesiæ Remorum episcopus.

Paulus sanctæ Rothomagensis (39) eclesiæ archiepiscopus.

Heribaldus autisiodorensis eclesiæ episcopus.

Ercenradus (40) Parisiacensis (41) episcopus.

Rothadus Suessionensis eclesiæ episcopus.

Teutboldus Lingonicæ eclesiæ episcopus.

Hirminfridus (42) gratia Dei Belloacensis eclesiæ episcopus.

Balfridus Bajocensis eclesiæ episcopus.

Herluinus Constantinensis eclesiæ episcopus.

Guntbertus Ebrocensis eclesiæ episcopus.

Jonas Eduorum humilis episcopus.

Hariardus Lixoviensis eclesiæ episcopus.

Hildebrannus Sagensis eclesiæ episcopus.

Herpuinus Silvanectensis eclesiæ episcopus.

Hildegarius Meldensis eclesiæ episcopus.

Imo episcopus Noviomensis hoc privilegium.

Agius episcopus humilis Aurelianensis eclesiæ.

Frotboldus Carnotensis eclesie episcopus.

Pardulus Laudunensium eclesiæ episcopus.

Elneradus Amianensium (43) eclesiæ episcopus.

Remedius Abrencatensis (44) eclesiæ episcopus.

34) Amalricus, A. T. — (35) subscripsi. A. T. — (36) Uvenilo, A. — (37) Senonensis A. (38) et st' c. A. Ces deux mots se trouvent dans A, à la suite de chaque suscription ; ils manquent dans T. — (39) Rotomagensis A. T. — (40) Ercanradus. A. — (41) ecclesiæ se trouve en plus dans A et T. — (42) Hirmenfridus, A. — (43) Amblanensium A. — (44) Abrincatensis, A. T.

Godelsadus episcopus.

Braidingus Matiscensium sedis episcopus.

Prudentius sanctæ Trecasinæ eclesiæ episcopus.

Dodo Andegavensis (45) eclesiæ indignus episcopus.

Actardus n. s. (46) indignus episcopus huic p̃.

Ludovicus abbas in Dei nomine.

Adalardus abbas in Dei nomine.

Ego Lupus abba in Dei nomine.

Heinhardus (47) abba.

Frodinus abba indignus.

Odo abba monasterii Corb. (48).

Hunfredus abba monasterii Deruensis.

Bernardus abba huic privilegio.

Gautlenus (49) abba.

Abbo abba.

Archamboldus (50) abba.

Georgius abba.

Item Abbo abba.

Data VIII kl. (51) septemb. (52) anno XVI. regnante Karolo glorioso rege indictione I. actum Bonoilo villa in Dei nomine feliciter amen.

18. — CONFIRMATION DE L'ACTE PRÉCÉDENT (*).

862.

Anno ab incarnatione Domini CCC D LXII (1) indictione X, regni gloriosi regis Karoli XXIIII. In sinodo habita in loco qui dicitur Pistis, quibusdam huic privilegio renitentibus, inspectis rursum autoritatibus priorum et recentium regum, approbatum et confirmatum est ab omnibus, et decretum, ut absentes, et eorum qui obierant successores, idipsum subscriptionibus roborarent (2).

---

(45) Andecavensis, A. T. — (46) Namnetensis, A. T. — (47) Hembardus T. — (48) Corbiensis A. T. — (49) Gauslenus A. T. — (50) Arcamboldus, A. T. — (51) kal. A T. — (52) septembris.

(*) *Thesaurus*, IV, 63 ; Mansi, XV, 635 ; J. Havet, *Questions mérovingiennes*, IV, 89.

(1) D CCC LXII. T. — (2) Cette confirmation du privilège précédent a été im-

Herardus (3) pietate divina Turonicæ metropolis episcopus huic privilegio ordine successionis (4).

Hincmarus Laudunensis eclesiæ episcopus huic privilegio predecessoris mei vices restitui et vires.

Eneas Parisii episcopus.

Folchrius (5) Augustricorum (6) indignus episcopus hoc privilegium denuo relectum, et a sanctis patribus corroboratum, vices predecessoris mei adimplevi.

Erchenraus indignus episcopus similiter.

Gislebertus humilis Carnotensis (7) episcopus hoc privilegium denuo a sanctis presulibus relectum ac roboratum, gerens vices predecessoris mei Frotbaldi firmare curavi.

Odo Belloacensis eclesiæ episcopus consensu (8) patris mei Hirminfridi confirmans, subscripsi.

Ercambertus sanctæ Bajoacensis eclesiæ episcopus consensu (9) predecessoris mei huic privilegio et vires reddidi (10).

Rainelmus Noviomagensis eclesiæ episcopus relectum a sanctis patribus privilg. judicio predecessoris mei (11).

Christianus Autisiodorensis (12) sedis episcopus huic privilegio (13) et vices predecessoris mei confirmavi.

19. — EXEMPLAR EPISTOLÆ QUAM MISERUNT SANCTI PRÆSULES, CONCILIUM IN LOCO QUI DICITUR PISTIS CELEBRANTES, ROTBERTO CENOMANENSIUM EPISCOPO, PRO CONFIRMATIONE EJUSDEM PRIVILEGII, ET DE CONCORDIA ABBATIS INGILGARII FRATRUMQUE ANISOLENSIS CŒNOBII (*).

862.

Unanime concilium habitum in loco, qui appellatur Pistis,

primée dans le *Thesaurus*, IV, 63, et dans Mansi, XV, 935. — (3) Hierardus. т. — (4) successorio. т, subscripsi, en plus dans т. — (5) Folchrigus, т. — (6) Augusti Tricorum, т. — (7) Carnotensium т. — (8) consensum, т. — (9) consensum, т. — (10) et subscripsi, т. — (11) subscripsi. т. — (12) Autissiodorensis т. — (13) subscripsi, ajouté dans т.

(*) Cf. Mabillon, *Annales* III, 93 ; *Thesaurus*, IV, 63 ; Bouquet. *Recueil des Historiens*, VII, 685. Mansi XV, 637. J. Havet, *Questions mérovingiennes*, IV, 91. Ce document a été traduit par M. B. Hauréau dans la *Revue de l'instruction publique*, 18 décembre, 1862, p. 601.

fratri charissimo (1) et coepiscopo Rotberto Cenomannicæ (2) urbis, perpetuam salutem. Expectata (3) diu fraudati vestra presentia, metropolitano vestro dilectissimo nobis Herardo Turonorum præsuli litteras vobis tradendas commisimus, quibus signiﬁcamus quæ libentius viva, ut aiunt, voce indicaremus. Causa (4) monachorum sancti Charileﬁ (5), quæ principis voluntate, nobis suadentibus, dilata est, donec convestris (6) autoritatibus (7) rediretis, postq̃m vos venturos desperavimus, diligenter examinare curavimus, priscorumque (8) regum et recentium edictis sollicite consideratis, comperimus privilegium indulgentia ejusdem gloriosi domini nostri regis Karoli concessum, juste rationabiliterque dudum nostra autoritate (9) ﬁrmatum, quod etiam decernentibus nobis fratres nostri qui fuerant absentes, vel qui migrantibus (10) ad dominum successerunt subscriptionibus propriis roborarunt. Quamobrem hortamur sanctitatem vestram, ut in stabiliendo vestra subscriptione eodem privilegio, quamquam decessor vester Haldricus inani spe (11) id facere declinaverit, nequaquam vos difficiles probeatis. Veritas enim et justitia absque rubore et dolore sequenda sunt ; maxime his qui predicationem suam aliter solidare non possunt, recipiatisque venerabilem Ingilgarium (12) abbatem, et fratres ejus monachos, vestra pace et concordia sine dubio perfrui optantes, hoc vos sine cunctatione ac dilatione agere desideramus. Sin autem, id quod Deus avertat, non obtinuerimus, in societate charitatis (13) quam nobis vicissim debemus nequaquam valebimus permanere : cum ab observatione æquitatis nequaquam audeamus recedere, hæc respectu vestri honnoris (14) taliter temperavimus, ne, si totum rei gestæ ordinem texeremus, indecorum (15) aliquid scriberetur (16).

(1) carissimo fratri, A. T. — (2) Cennomannicæ, T. — (3) exspectata, A — (4) causam, A. T. — (5) Carileﬁ, A. T. — (6) cum vestris. A. T. — (7) auctoritatibus, A. T. — (8) que, manque T. — (9) auctoritate, A. T. — (10) Les neuf mots précédents manquent dans T. — (11) Ces deux mots ont été laissés en blanc dans T. — (12) Ingelgarium, A. — (13) caritatis, A. T. — (14) honoris, A. T. — (15) indecorem, T. — (16) Mabillon, Annales, III, 91, ajoute la note suivante : « In hac epistola mihi videor stilum agnoscere Lupi abbatis, qui huic synodo et subsequenti Senonensi interfuit ».

3

20. — PRECEPTUM KAROLI PROTECTORIS NOSTRI SUPER PRIVILEGIUM EPISCOPORUM (').

24 août 855.

In nomine sanctæ et individuæ Trinitatis. Karolus gratia Dei rex. Si sacra venerabilium patrum instituta sacerdotum Christi regis (1) precellentiæ nostræ edictis confirmamus, profuturum nobis id ipsum, et ad presentem vitam cum felicitate transigendam, et ad eterna beatitudine (2) facilius obtinendam procul dubio confidimus. Itaque notum sit omnibus sanctæ Dei eclesiæ fidelibus et nostris presentibus atque futuris, quia venerabilis' vir Rainaldus monasterii sancti Charilefi (3) abbas ad nostram reverentiam (4) accedens sublimitatem, optulit (5) mansuetudinis nostræ optutibus (6) relegendum privilegium a sanctis patribus regni nostri coepiscopis, una cum nostro assensu, canonica autoritate (7) factum, eorumdemque conservanda subscriptione roboratum de prefato sibi commisso juxta beati Benedicti traditionem gubernandum monasterium (8), quo si quidem evidenti significatione manifestatur atque confirmatur, res eidem monasterio pertinentes, ubi memoratus sanctus Charilefus (9) honorabiliter sepultus in nomine Domini veneratur, per preceptiones regum per que instrumenta ac testamenta chartarum (10) delegatas, honestatibus ac (11) cultibus ejusdem sacri loci perpetuo sine cujuspiam subtractione aut diminutione pleniter debere haberi, et in usibus atque stipendiis monachorum inibi Deo servientium sub administratione regularis abbatis eterna lege debere quoque teneri, ita ut ejusdem loci ante fatus abba .et successores ejus pontifici propriæ civitatis aliquando dominio aut potestati non subjaceant, nisi sicut alia omnibus propriis civitatibus, propriisque pontificibus secundum canonicam auto-

---

(') Cf. Mabillon, *Annales*, III, 669 ; Bouquet VIII, 527. J. Havet, *Questions mérovingiennes*, IV, 92.

(1) regis A. — (2) æternam beatitudinem, A. — (3) Karilefi, A. — (4) nostræ rovorentiæ, A. — (5) obtulit, A. (6) obtutibus, A. — (7) auctoritate, A. — (8) gubernando monasterio, A. — (9) Carilefus, A. — (10) cartarum, A. — (11) et A.

ritatem (12) ad providendum pastorali cura commissa subjecta monasteria, absoluta scilicet dominationis eorum omni servitio, propter quod exhibendum illis est non fictæ charitatis (13) obsequia. Igitur interveniente supra signati privilegii auctorum audienda intercessione memoratus abbas (14) Rainoldus (15) memoratum sæpe privilegium altitudinis nostræ scripto suppliciter petiit confirmari. Nos autem pro Dei amore summissam ejus efflagitationem clementer audientes serenitatis nostræ preceptum hoc fieri jussimus, per quod conservandum plerumq. dictum privilegium confirmantes, statuimus monasticæ religionis predictum monasterium sine aliqua imminutione familiæ rerumque aliarum sibi pertinentium cultui secundum sancti Benedicti documentum eternaliter haberi, ita ut, preter quod supra signatum est, numquam dominio civitatis Cinomannicæ præsulum subjaceat, neque laicalis potestatis usurpationi aliquando subdatur; sed semper, Domino adminiculante, regularis abbatis administratione agatur ac disponatur. Decedente vero prescripto Rainaldo reverendo abbate, licentiam habeant ejusdem loci religiosi monachi secundum regularem institutionem ex se se eligendi abbatem, conservata in omnibus et ab omnibus frequenter dicti a sanctis patribus regni nostri pontificibus edicti privilegii in prevaricanda (16) sanctione, videlicet, ut presentibus et futuris temporibus in eodem venerando loco consistentibus monachis liberius pro nostra genitorisq. nostri Hludovici augusti salute, ac regni a Domino (17) nobis commissi stabilitate divinam misericordiam assiduis precibus implorare delectet. Ut autem hoc benignitatis nostræ confirmationis preceptum meliorem semper optineat (18) vigorem, manu nostra eam subter firmavimus, et de anulo nostro sigillari jussimus. Data VIIII k. l. septemb. (19) anno XVI regnante Karolo glorioso rege, indictione Iª. Actum Bonoilo villa in Dei nomine feliciter amen.

(12) auctoritatem, A. — (13) caritatis, A. — (14) abba, A. — (15) Relnaldus, A. — (16) edicti, est ajouté dans A. — (17) Deo, A. — (18) optineat, A. — (19) VIII kal., septembris, A.

21. — EXEMPLAR NOTITIÆ QUALITER DOMINUS NOSTER KAROLUS FILIUS VESTER CHARISSIMUS (1), QUERELÆ ROTBERTI EPISCOPI FINEM DEDIT (*).

29 octobre 863.

Cum resideret excellentissimus ac gloriosissimus rex Karolus in Vermeria palatio, in conventu venerabilium archiepiscoporum (2), abbatum, clerique ceteri ordinis, cum illustribus comitibus et vassis dominicis, ac compluribus nobilium virorum, quorum nomina subter tenentur inserta, aliisque non paucis, qui numerositatis gratia nominatim comprehendi nequeunt, ad diversas emergentium causarum considerationes tam ecclesiasticas quam seculares tractandas, atque juste et legaliter deffiniendas (3); ventilare cepit controversiam ortam inter Rotbertum Cenomannicum (4) episcopum et Ingelgarium monasterii sancti Charilefi (5) abbatem, pro qua maxime per anmonitionem reverendi papæ Nicolai domnus rex ad eumdem conventum venerat. Recitata autem epistola ab eodem apostolico domno regi directa, narrabat coenobium sancti Charilefi (6) potestati episcopatus predicti Rotberti injuste subtractum, et ut ei restitueretur exposcebat; cujus metropolites Herardus legens scriptum, pro præfata altercatione sibi ab eodem papa directum, invenit ceteros cum sillabatim (7) rogasse antistites, ut ipsi Rotberto ad ipsum monasterium adhipiscendum (8) unanimiter opem ferrent: quæ litteræ coram prolatæ, ostenderunt eidem Rotberto quartam missam epistolam. Eademque ostensa, inventum est monachis predicti coenobii quintam missam, quarum tres hactenus domnum regem, et pontifices ac ceteros assistentes latuerant, eodem eas Rotberto occultante. Tum juxta ejusdem apostolici mandationem et sacrorum canonum institutionem, idem Rotbertus ex propria diecesi (9) tres elegit judices, Herardum scilicet Turonicum metro-

---

*Cf. Mabillon, *Annales*, III, 105; *Amplissima collectio*, I, 169; Mansi, XV, 670; Bouquet, VII, 297; J. Havet, *Questions mérovingiennes*, IV, 94.

(1) carissimus A. — (2) episcoporum se trouve en plus dans A et A C. — (3) diffiniendas, A. — (4) Cenomanicum, A C. — (5) Carilefi, A. Charilephi A C. — (6) Carilefi, A. — (7) syllabatim, A et A C. — (8) adipiscendum, A. — (9) diœcesi A C; diocesi A.

politem, Dodonem Andegavensium (10) et Actardum Nanneten-
sium (11) antistitem, quorum examine idem terminaretur
conflictus. Vocati autem sæpe dicti cœnobii monachi, et coram
interrogati responderunt se illuc per obedientiam proprii abbatis
venisse, nec esse sui officii, ut ex hoc cum quolibet in rationem
intrarent. Interrogatus etiam eorum abbas respondit per obedientiam et munificentiam ipsius regis sub monastica professione
se ipsum tenere monasterium, et ex inde ei debitum exhibere
famulatum. Tunc surgens gloriosus rex stetit ante predictos
judices, et manifeste ostendit ex parte attavi, avi, et genitoris,
jure hereditario, sine ullo censu, se ipsum possidere monasterium,
ac singillatim (12) monachis abbatibus illud gubernandum
commisisse (13); addiditque quod excusante se Rainaldo ex eadem
abbatia, ipse Rotbertus cum Frodoino (14) abbate, regio jussu
electionem ibi fecerit, et nihil ex hac re sonuerit. Patrata vero
electione, ipsum monasterium petierit, ac illud ei non restituendo,
sed beneficii nomine largiendo commiserit, non recolens eisdem
monachis regali autoritate et pontificali privilegio concessum, ex
se se abbates sibi eligendo præficere. Hinc judicio episcoporum
inventum (15) est, ut utriusque partis autoritates (16) inconvulsæ
servarentur, et datus est eis dies statutus ad discernendum, cujus
juste (17) et legaliter refutanda, cujusve essent scripta appro-
banda (18) et (19) tuenda ; cui placito ipse domnus rex et monachi interfuerunt, et idem episcopus (20) illo venire atque legatum
suum mittere distulit. Interea sacrorum (21) statuta autorita-
tum (22) et secularium jura legum prolata demonstraverunt,
insuper omnes episcopi et ceteri assistentium (23) assensum

(10) Andecavensium, A. — (11) Namnetensium, A. — (12) sigillatim, A C.
— (13) Comisisse, A C. — (14) Frodoin, abbé de Saint-Lomer. Cette abbaye
fut fondée par un abbé du même nom, à six lieues de Chartres environ. La
paroisse sur laquelle saint Lomer s'était fixé, garda longtemps le nom de *Mou-
tier-Saint-Lomer* ; c'est maintenant *Moutier-au-Perche*, Orne, arrondissement
de Mortagne, canton de Rémalard. Cf. sur les rapports de Robert, évêque du
Mans, avec Frodoin, *Histoire du royal monastère de Sainct-Lomer de Blois,*
par Dom Noël Mars, publiée par A. Dupré, 1869, grand in-8°. — (15) inventus, A.
— (16) auctoritates, A et A C — (17) ac, A C. — (18) adprobanda A. — (19) atque
A. — (20) episcopo, A C. — (21) sacrarum, A. — (22) auctoritatum A et A C. —
(23) assistentes, A.

præbentes judicaverunt, ut, quia de rebus eclesiasticis agebatur negotium, et aliter nullo modo definiri poterat (24), admitterentur advocati utriusque partis, regalis videlicet et episcopalis, quatinus (25) his altercantibus veritas nudaretur, et ad debitum celerius terminum causa perduceretur. Quibus datis, præcellentissimus rex, repetito concessu (26), accepit judiciariam potestatem. Advocatus autem episcopalis (27), Haldricus nomine, regis advocatum interpellavit (28) nomine Widonem, dicens quod res sancti Gervasii, id est, monasterium sancti Charilefi (29), unde strumenta se habere dicebat, et antecessores ejusdem Rotberti Franco et Haldricus pontifices (30) tenuerant, regia potestas cujus ille advocatione fungebatur, ei malo ordine et injuste contenderet. Ipsi (31) vero respondit, quod res quas ei querebat, imperatores Francorum hereditaverint (32) domno regi Karolo, et non solum trigenta (33), sed etiam trecentis annis absque censu et absque ulla repetitione ad proprium tenuerint (34). Tunc domnus rex interrogando adjuravit Wenilonem Senonensem (35) et Helmeradum Ambianensem et Herpuinum Silvanectensem episcopum, qui temporibus piissimi imperatoris (36) Hludovici (37) fuerant : Adalardum quoque illustrem comitem, secretorum ejus conscium et administrum (38) qui veraciter testati sunt, ipsum monasterium præscripto Haldrico non restitutionis, sed beneficii jure largitum. Interrogatus quoque idem advocatus episcopi et Witto ejus homo, id ipsum professi sunt, nec enim pretexatus (39) episcopus Haldricus idem monasterium amplius quam duobus annis et dimidio habuit; Franco etiam ejus antecessor, non amplius quam novem annis illud tenuit, et in vita sua, retento episcopatu, amisit; cum episcopium uterque illorum pluribus annis rexerit (40). His ita elucidatis, reverendi antistites, et nobilissimi proceres, et ceteri assistentes apertissime cognoverunt, cognoscentesque affirmaverunt (41) regiam ejusdem

---

(24) poterat definiri, A. — (25) quatenus, A C. — (26) consessu A et A C. — (27) episcopi, A. — (28) interpellavit advocatum, A. — (29) Carilefi, A. — (30) pontifices, manque A C. — (31) ipse, A. — (32) hereditaverunt, A. — (33) triginta, A et A C. — (34) tenuerunt, A. — (35) Sennensem, A. — (36) imperatoris, manque A C. — (37) Hludowici, A. — (38) ministrum, A. — (39) prætaxatus, A et A C. — (40) rexit, A. — (41) adfirmaverunt, A.

monasterii præponderare pocessionem (42) quæ numquam et nusquam interrupta fuerit, sed continuatim inconvulsa manserit; episcopale vero ideo refutandum dominium, quia ejus non vera, nec effectum habentia apparerent (43) instrumenta, nec habuerit quisquam pontificum idem monasterium, nisi jure beneficii, per munificentiam principalem. Advocatus igitur episcopi veridica professus est ratione non habere se vera et legitima instrumenta, per quæ idem monasterium tenere posset. Unde et se concredidit, et nulla principis aut judicum vi aut oppressione, sed propria voluntate, et justo omnium assistentium judicio, easdem res cum querela warpivit (44), et ne materia refricandæ litis ulterius remaneret, jussit domnus rex ut instrumenta Cenomannicæ (45) eclesiæ, quæ inutilia et falsa probata erant, intra quartum decimum diem in ejus exhiberentur præsentia, penitusque abolirentur, ne iterum per illa frustra aliquando innovarentur litigia, et tempora quorumlibet judicium (46) inaniter occuparentur. Propter notitiam namque rerum, ne umquam oblivione elaberentur, judicatum est ut omnia hæc fideliter litteris alligarentur, et in quorum presentia publice gesta essent viritim comprehensis eorum indicaretur vocabulis, et ut perpetuum vigorem cuncta præferrent, omnemque falsitatis effugerent suspicionem regio munirentur sigillo (47).

In horum presentia actum est : Hincmari archiepiscopi, Winelonis Senonensis archiepiscopi, item Winelonis Rothomagensis archiepiscopi, Herardi archiepiscopi, Dodonis episcopi, Herluini episcopi, Agii episcopi, Herpuini episcopi, Actardi episcopi, Gunberti episcopi, Helmeradi episcopi, Hildebranni episcopi, Hildegarii epis., Untfredi (48) epi., Enee episcop. Item Hincmari epis., Archanrausi epi., Gisleberti epi., Isaac epi., Odonis epis., Walberti epis., Raganelmi epis., Christiani epis., Eulerici epis., Goslini abbatis, Frodoini abbatis, Bernardi abb., Walfadi (49)

---

(42) possessionem, A et A C. — (43) apparent, A C. — (44) werpivit, A. — (45) cœnomanicæ, A C. — (46) judicum, A. — (47) Mabillon, *Annales*, I, 106, ajoute la note suivante : « Desunt in veteri exemplo codicis Aninsulensis nomina subscribentium, quorum præcipuos ex contextu præmissi instrumenti licet colligere ». — (48) Vintfridi, A C. — (49) Walafadi, A C.

abb., Tresulfi abb., Gotefrędi (50) abb., Adalardi comitis, Hutonis comitis, Hainnadei comitis, Arduini comitis, Fulconis comitis, Herimfridi com., Bertaldi com., Gerardi com., Heddonis com., Sigeramni com., Berangarii com., Airici com., Theoderici com., Grisonis (51) com., Bernardi com., Ursonis com., Alboini com., Bertramni com., Constantii, Adalunasci. Raganarius (52) notarius ad vicem Arberti com. palatii recognovi. Data quarto calendas novembris, indictione 12 (53) anno XXIIII regni Karoli gloriosissimi regis. Actum Vermeria (54) palatio regio in Dei nomine feliciter. Amen.

22. — EPISTOLA NICOLAI PAPAE AD MONACHOS SANCTI CHARILELI (*).

863.

Nicolaus episcopus, servus servorum Dei, cunctæ congregationi monasterii sancti Charilefi (1).

Fidelium relatione comperimus, quod, modum proprium transgredi cupientes, a jure Cenomannicæ (2) urbis, in cujus diœcesi moramini, vos subtrahere conamini ; et sicut nostri apostolatus arbitratu cognoscimus, ad vestri interitus perditionem, in propria voluntate vivendo, animos elevare videmini. Qua de re, salutem vestrarum desiderantes animarum, auctoritate apostolica (3) a talibus vos revocare studuimus, expressius (4) jubemus, ut non vos proprius libitus ducat, quo animus erigi prævaleat, sed ad principalem vestram eclesiam, videlicet Cenomannicam (5), solito more recurrite, ejusque episcopo obsecundantes, et illam, qua nomine dicimini, vitam implere satagite, et vestri ordinis ministerium

---

(50) Gotefridi, A C. — (51) Grifonis, A C. — (52) Baganarius, A C. — (53) XII, A C. — (54) Vermeriae, A C.

(*) Cf. Baronius, *Annales*, X, 262, Antuerpiæ 1618. Labbe, *Acta conciliorum*, Paris, 1671, VIII, col. 490. Mansi, XV, 370. Migne, *Patrologia*, CXIX, 865. Jaffé, *Regesta*, 2714. A la page 33 de notre manuscrit, le copiste a écrit en marge les mots suivants: Extat cum sequentibus in annal. ecles. tomo 10 ad annum Xti. 863.

(1) Karilephi, A B. et L. — (2) Cenomanicæ A B. et L. — (3) apostolica auctoritate L. — (4) expressiusque, L. — (5) Cenomanicam, A B et L.

prudenter assumite cum sanctitate ; quod si ipsa (6) vestrarum ar-
cana mentium (7) non penetraverint, tunc in conspectu sanctissi-
morum episcoporum, qui a Rotberto Cenomannico (8) presule
convocati fuerint, causam edicere procurate, ut quo res dicitur (9)
plenius digeratur ; nam si (10) inter predictum (11) episcopum
atque vos regulare judicium datum non fuerit, tunc incunctanter
præcipimus, ut ex vobis tres eligantur, qui cum sæpefato episcopo, vel ejus legato, in nostram apostolicam veniant presentiam,
ut omni repulsa occasione nostro examini hujus rei gratia appa-
reat, atque canonico calculo finem accipiat. Optamus vos in
Christo bene valere.

23. — EPISTOLA NICOLAI PAPAE AD EPISCOPOS GALLICANOS (*).

863.

Nicolaus episcopus, servus servorum Dei, omnibus reveren-
dissimis et sanctissimis confratribus nostris archiepiscopis (1) in
regno Karoli gloriosissimi (2) regis commorantibus.

Dignum est, quid (3) sacerdotali reverentia decorantur, secundum (4) patrum censuram, æqui moderaminis lance sic cuncta
studeant trutinare, quatenus gregum sibi a Domino creditorum
septa munire non desinant, et debitam curam adhibere nequaquam postponant : ne forte cum segnitia ceperit oboleri (5),
incentori aditus relinquatur, per quem pestifero more in ovile
dominicum ingrediens, oves dominicas discerpere, ac morsu
ferino incipiat lacerare : quod utique de vobis, fratres, minime dici
volumus ; quin potius (6) commonemus, ut tantæ sollicitudinis
operam ad cunctorum subditorum (7) profectum assumere

---

(6) ista, L. — (7) mentium est ajouté en note dans A B. — (8) cenomanico
A B et L. — (9) ducitur, L. — (10) illic se trouve en plus dans A B et L. —
(11) Cenomanicum, ajouté dans A B et L.

(*) Cf. Baronius, *Annales*, X, 263, Antuerpiæ, 1618. Labbe, VIII, 491 ; Mansi,
XV, 376 ; Migne, *Patrologia*, CXIX, 866. Jaffé, *Regesta*, 2745.

(1) et episcopis, ajouté dans A B. — (2) gloriosi, A B et L. — (3) ut qui au lieu
de quid, A B et L. — (4) sanctorum ajouté dans A B et L. — (5) aboleri A B ;
oboriri, L. — (6) potius manque L. — (7) subjectorum, A B et L.

studeatis : quantum illud audire cupitis, quod Dominus se confi-
tentibus misericorditer repromisit, Euge, inquiens, serve bone et
fidelis, quia super pauca fuisti fidelis, super multa te consti-
tuam, intra in gaudium Domini tui. Idcirco sanctitati vestræ
compertum esse volumus, qualiter a primordio constructionis
suæ monasterium sancti Charilefi (8) in Cenomannia (9) situm
ejusdem Cenomannicæ (10) urbis juri, ejusque præsulis subditum
fuerit, et juxta canonica instituta, qui ejus diœceseos curæ
præerat, ipsius etiam sub regimine ejusdem monasterii congregatio degebat ; sed nunc ut nostris intonuit auribus, monachi
ipsius, regulari auctoritate contempta, zelum paternæ traditionis
non ducunt, et modum (11) servare non cupiunt, cum quod non licet, proprio libitu vivere quærunt, et parochiam, in cujus diœcesi
consistunt, jus non tenuisse fatentur. Quapropter apostolicæ auctoritatis apicibus omnium vestrorum reverentiam commonere decernimus (12), ut rectitudinis atque æquæ (13) justitiæ intercurrente
libramine, Dominum præ oculis habentes, hoc extra institutionem
sanctorum patrum fieri non sinatis. Hoc (14) considerantes atque
tenentes, Cenomannicam (15) plebem non patiamini per (16) judicium sustinere, atque quæ ejus sunt, inconvenienti calculo discer-
nere ac pertractare, quatenus et vestræ fraternitatis ordo non vio-
letur, et ipsius eclesiæ præsul sua amittere nequaquam cogatur.
Igitur si ab eodem Cenomannico (17) præsule ex vobis, qui hujusmodi (18) quæstionem discutiunt (19) judices electi fuerint, et illa
electio in unum convenerit, tunc si illuc contentionis finis, aliqua
emergente difficultate, dirigi non poterit, jubemus, ut utraque
pars in nostram specialem veniat præsentiam, ut litis intentio
legali coram nostro pontifico (20) sententia ventiletur, declaretur,
atque luce clarius finiatur. Omnipotens Dominus mentes et corda
vestra ab bene agendum semper inclinet, ut bonis operibus

(8) Charilephi, A B et L. — (9) Cenomania A B et L. — (10) Cenomanicæ A B
et L. — (11) debitum, en plus dans L. — (12) decrevimus A B et L. — (13) æquæ,
manque L. — (14) au lieu de *hoc*, L. donne *sed usquequaque causam considerantes quid rectius quidve utilius inveneritis hoc conservantes*. — (15) Cenomanicam, A B et L. — (16) præjudicium, L. — (17) Cenomanico A D et L. —
(18) huiusmodi, A B et L. — (19) discutiant, L. — (20) Pontificis, A B et L. —

inhærendo æquitatis atque æquæ justitiæ (21) culmine videamini
sublimari.

24. — EPISTOLA NICOLAI PAPÆ AD HINCMARUM RHEMENSEM EPISCOPUM (*).

863.

Nicolaus episcopus, servus servorum Dei, reverendissimo (1)
et sanctissimo confratri nostro Hincmaro Rhemorum archi-
episcopo.

Relatu quorumdam audivimus, quod tua fraternitas contra
Rotbertum Cenomannicæ (2) urbis episcopum, pro eo quod monasterium sancti Charilefl (3) ad jus eclesiæ sibi commissæ vindicare velit, non parum sit indignata : ita ut animum dilectissimi
filii nostri Karoli gloriosi regis adversus eum commoverit, et in
sinodo, quæ modo dicitur a sanctitate tua colligi, fertur, quod
nescio quas insidias, quasi ex alia ratione, illi nitamini præparare,
lædere eum magnopere gestientes. Quod de tanto viro indignum
credere judicavimus. Denique si Rotbertus episcopus petit, quod
petere debet, impetret. Si vero quod non debet, postulat, numquam
obtineat, verumtamen ob id nihil sustineat omnino (4) læsionis ;
quod tua, frater carissime (5), studeat sanctitas summopere præ-
cavere, ne quod non credimus, injuste, vel obtentu æquitatis, idem
antistes a tua lædatur in aliquo reverentia, sed si crimen illi
objicitur, sit (6) de eo examinatio, preveniat ut judicium in illum
ex vestræ (7) auctoritatis libramine subsequatur, nam cum vos
suspectos habere videatur, indecorum, immo (8) temerarium (9), ut
a vestra sanctitate aliquid patiatur discriminis, sed et devotissimi
filii nostri Karoli pii regis animum vestra beatitudo circa jam
fatum episcopum placabilem ac mitem reddere nostra vita (10)

(21) æquæ, manque L..
(*) Cf. Baronius, *Annales*, X, 263, Antuerpiæ, 1618 ; Labbe, VIII, 492 ; Mansi,
XV, 377 ; Migne, *Patrologia*, CXIX, 867. Jaffé, *Regesta*, 2746.
(1) reverentissimo, A B et L.. — (2) Cenomanicæ, A B et L. — (3) Karilephi,
A B et L.. — (4) omnimodis, L. — (5) charissime A B. — (6) sic, L.. — (7) nostræ,
A B et L. — (8) imo, L. — (9) *est*, êst ajouté L. — (10) vice A B et L.

procuret, quatenus furore deposito, eum (11) Domino autore (12), mentem suam ad nos (13) adhuc obediendum, et circa sæpe designatum episcopum benigne regere studuerit, quod vero (14) rex sit omnibus palam detur intelligi, et cunctis manifeste ipsius pietas innotescat. Optamus fraternitatem tuam in Christo bene valere.

25. — PRIVILEGIUM QUO DECERNIT MONASTERIUM SANCTI CARILEFI ESSE IMMUNE ET APOSTOLICÆ SEDI IMMEDIATE SUBJECTUM (*).

863.

Nicolaus Romanæ sedis episcopus, Galliarum episcopis universis, et pontificibus (1) sempiternam in Domino (2) Deo Patre, et Domino nostro (3) Jesu Christo, salutem.

Regum corda divinitus inspirata, quando pro religiosis locis sollicitudinem gerunt, divinitati gratiæ sunt agendæ, et in omnibus quæ pie religioseque procurant, eorum voluntati cum omni devotionis alacritate est parendum. Orandi denique essent, ut de sanctorum locis, pietatis affectum, et sollicitudinis curam susciperent. Nunc autem ultro se ad hæc peragenda præbentes, et illis est congratulandum, et quæ jusserint sine retractatione perficiendum. Gloriosus itaque rex Francorum Carolus, cœlitus animum inspiratus, inter cœtera suæ devotionis studia, quæ circa Dei eclesiam prompta semper impendit devotione ; curam quoque dignatus est assumere, de monasterio sancti Carilefi (4) confessoris, quod est in pago Cenomannico constructum, super fluvium Anisola, in quo a prima suæ conditionis die, ex quo beatus confessor Christi Carilefus (5) fuit in corpore (6), religiosum mo-

(11) dum, A B et L. — (12) auctore, A B ; Deo auctore L. — (13) nobis, L. — (14) vere, A B et L.

(*) Cf. Labbe, *Acta conciliorum*, T. V, col. 298. Paris, 1714. *Epistolarum decretalium summorum pontificum tomus III.* (Rome, 1591, in-fol.) 294 n° 62. Sirmond, *Concilia antiqua Galliæ*, III, 223. Mansi, XV, col. 316. Jaffé, *Regesta*, 274.1. Le Cenomania de dom Briant nous apprend d'autre part que le texte de ce décret ne se trouvait pas dans les archives du monastère de Saint-Calais.

(1) principibus, L. — (2) Domino, manque L. — (3) nostro, manque L. — (4) Karilefi. — (5) Karilefus L. — (6) au lieu de *fuit in corpore*, L. donne *in eo corpore quievit*.

nachorum habitavit examen, habuitque libertatis privilegium, et in rerum suarum dispositione, et in abbatis de semetipsis electione. Verum quia impugnare eclesiam Christi numquam hostis humani generis omittit, securitatem libertatis, quam ex multis iam annis possederat, et si non penitus abscidit, concussit tamen, et convellere conatus est, et paucis quidem ante jam annis, et præsentibus quoque, id est, ipsius Caroli (7) regis temporibus. Quia vero divina clementia deserit nunquam in se confidentes, principis animum ad hoc movit, ut non solum inimici persuasio non prævaleret, sed etiam procurare voluit, ut sequentibus temporibus libertatis privilegium, olim monasterio illi concessum, a nullo deinceps, nec everti posset, nec violari. Unde dignatus est ad nos prædictus princeps (8), missum dirigere suum, id est, venerabilem Odonem Beilacensem (9) episcopum, et litteras suæ dignationis destinare, quibus postulavit, ut libertatem illi monasterio, et ab episcopis, et a regibus Francorum concessam, nostra firmaremus autoritate, et futuris mansuram temporibus roboraremus (10). Considerantes itaque piam esse postulationem et servorum Dei quiete pernecessariam, et quæ a pastoribus eclesiarum postulanda esset, atque procuranda, si minus eam mundi principes procurarent: decernimus apostolatus nostri autoritate (11), ut monasterium sancti Carileti (12) confessoris, intra Gallias situm in pago Cenomannico (13), super flavium Anisola, ut (14) rerum suarum habeat liberam in omnibus secundum eclesiæ ipsius utilitatem, et servorum Dei compendia, dispensationem ; ut episcopus Cenomannicæ (15) urbis, sive Rotbertus qui nunc illi sedi præest, sive successores ejus nullam in eo monasterio obtineant (16) possessionis (17) dominationem, neque prædictum (18) monasterium ad suæ urbis inclinare conentur subjectionem, sed abbas ille qui nunc ibi est, Engillarius (19) et fratres ejusdem monasterii, devotionis jus servent, dum eclesiastica (20)

(7) Karoli L. — (8) au lieu de *prædictus princeps*, L donne *pius princeps præfatus et*. — (9) Bellovacensem, L. — (10) L commence ici un nouveau paragraphe. — (11) auctoritate L. — (12) Karileli L. — (13) Cenomanico L. — (14) ut, manque L. — (15) Cenomannieæ L. — (16) L place *obtineant* entre *nullam* et *in*. — (17) possessionis L. — (18) præfatum, L. — (19) Engilharius L. — (20) à cette leçon inexacte, L substitue *dominationis jus secundum ecclesiastica*.

statuta, et præsentibus, et futuris, obtineant semper temporibus,
videlicet, ut quidquid oblatum est, vel fuerit, illi deinceps (21)
cœnobio, vel in auro, vel in argento, vel in agris et famulis, vel in
quacumque rerum substantia, nec episcopus Cenomannicus (22),
sicut Robertus (23), qui nunc illi urbi præest, sive qui post eum
Cenomannicam (24) eclesiam rexerint, nec ulla alia persona,
sive secularis sive eclesiastica, ullam obtineant, vel sibi vindicent
portionem, sed maneant omnia in ipsius abbatis et fratrum ibidem
Deo militantium dispensatione, ut quidquid secundum ipsius
monasterii utilitatem regulariter, et canonice voluerint agere, in
eorum sit potestate, nec (25) episcopus ad prædictum (26) monasterium, quasi propriæ potestatis abutens jure, nisi vocatus ab
abbate et fratribus accedat, ne sui adventus presura (27) fratrum
quietem perturbet, neque dolos, aut machinationes ullas, vel
abbati, vel fratribus, sive per se, sive per suos, aliquando facere
præsumat, cum (28) potius quidquid Dei servis in prædicto monasterio commorantibus, conferre ad ordinis sui conservationem
utiliter, et modeste et benigne potuerit, id pro Dei amore, et
sempiternæ remunerationis gratia perficiat, nec violenter, aut
calide (29), mali quidquam, aut perturbationis molliatur (30) in
illos, sicut audivimus quosdam facere voluisse, quasi inscriptio-
nes quasdam monstrantes quibus monasterium suæ civitati
possessionis jure subditum fieri conati sunt, quas constat omnino
falsas fuisse : quandoquidem privilegia regum, quæ ex antiquorum regum Francorum temporibus, olim monasterio illi concessa
sunt, hoc destruant, sicut et ipsa testantur, quæ in archivis monasterii, ob testimonium sibi concessæ libertatis hodieque servan-
tur. Quod si fortassis contigisset, ut aliquando monasterium illud
sub potestate Cenomannici (31) fuisset episcopi, quod rebus ipsis
probatur, et testimoniis monasterio collatis numquam fuisse,
tamen secundum leges sæculi post tot jam sæcula, et annorum
spatia repeti nullatenus jure potuisset, et quam (32) semel acce-

(21) deinceps illi, L. — (22) Cenomanicus, L. — (23) sive Rotbertus, L. (24) Cenomanicam L. — (25) nequo, L. — (26) præfatum, L. — (27) pressura, L. —
(28) quin, L. — (29) callide, L. — (30) molliatur L. — (31) Cenomanici, L.
— (32) quod, L.

perat libertatem, jam sub conditione (33) nequaquam mancipari
denuo potuisset. In legibus enim habemus, ut omnes quæstiones
infra trigenta annos terminum accipiant. De eclesiasticis autem
causis post quadragesimum annum, nulla querela moveri potest,
si non intra hoc spatium annorum fuerit mota; et ecce hoc monasterium a primo rege Francorum christiano, id est, Chlodoveo (34),
filioque ejus Childeberto, cum habuerit libertatem, et deinceps ab
omnibus regibus semper mansit (35) liberum, et in rerum suarum
dispositionibus, et in abbatis electione: nunc reperitur (36) quasi
in proprii juris dominationem, cum si terrena possessio fuisset,
et per tot annos possessoris sui dominatione caruisset, nullo modo
secundum leges, sive mundi, sive eclesiasticas, antiquus posses-
sor eam sibi vindicare potuisset; at vero, quod est dictu nefas,
Christi possessionem, et servorum Dei contubernium, quod terrena potestas liberum esse concessit, episcopalis ambitio in servi-
tutis jus vindicare (37) conatur. Apparet itaque quisquis hæc per-
verse molitur, non lucrum requirere, quod velit animarum, sed
magis dominationis fastum, et lucra cupiditatis inhiare. Unde
omnibus modis hanc perniciosam reprimentes ambitionem, præcipimus, ut Robertus (38) episcopus Cenomannicus (39), et quicumque successor ejus fuerit, nullam in prædicto (40) monasterio
sibi vindicet ditionis potestatem, sed maneat secundum concessam
sibi jam multis annis absolutionem ab omni episcopali pressura
et dominatione remotum. Nullus in eo quidquam vindicet, sibi
prædictæ (41) civitatis episcopus, neque per se, neque per minis-
tros suos, neque ex clericis, neque ex monachis, neque ex canoni-
cis, neque ex laïcis, potestatis jure, aut episcopali fastu, sine voluntate abbatis ipsius loci, et fratrum ibi degentium præsumat aliquid,
vel ad ordinandum, vel ad disponendum (42) et ad dominan-
dum (43).

Ordinationes vero, quas petierit abbas, vel ipsi fratres, vel
eclesiarum consecrationes, vel altaris benedictionem, chrismatis

(33) ditione, L. — (34) Clodoveo, L. — (35) manserit, L. — (36) repetitur, L. —
(37) evindicare, L. — (38) Rotbertus, L. — (39) Cenomanicus, L. — (40) præfato,
L. — (41) præfatæ, L. — (42) au lieu de et L a vel. — (43) Dans L, le nouveau
paragraphe commence à la phrase suivante, Abbatem etc.

quoque, oleique sanctificationem, prout petierint abbas et loci
illius habitatores, non moretur præstare : quia minus officii sui
episcopus non pro lucri gratia, sed pro creditæ sibi dispensationis
ministerio debet impendere : et providentiæ pastoralis existit, ut
creditis sibi ovibus, ex amore potius quam ex potestate consulere
quærat, licet in subjectos utraque secundum tempus sint necessaria, sed amor debet generare solertiam, potestas vere temperanda
est amore, ut potius Christi charitas (44) ferveat, quam potestatis
rigor insolescat. Abbatem vero de se eligendi fratres cœnobii
sancti Carilefi (45) semper habeant potestatem, neque in ejus
electione, episcopi Cenomannici (46) recipiant (47) constitutionem,
aut dispositionem, sed quemcumque dignum vita moribus atque
doctrina prospexerint pastorali officio, et sibi utilem, et aptum
dispensatorem esse, ipsum eligant, regisque in notitiam deferant,
ut ejus et concessione, et consensu, potestatem regiminis accipiat ; neque pro ejus, vel ordinatione, vel constitutione munus
aliquod accipiatur, vel detur, quoniam Spiritus Sancti donum non
debet prætio, sed gratia promereri : et quoniam multi per pravo-
rum insidias hominum servis sæpe Dei fabricantur doli, decernimus, ut ordinatus deponi non possit, nisi criminalis eum causa
monstraverit reum : quod si fuerit infamiæ calumniis denotatus,
ex regali providentia episcoporum habeatur non minus quam sex
conventus quorum de numero Cenomannicus (48) constituatur
episcopus, et eorum judicio secundum canones illius causa
discussa, non aliter deponi possit, nisi reus, manifestis certisque
patuerit indiciis. Non est enim æquum ut electus, et ordinatus
eclesiæ pastor, fortuitu, et sine judicio, absque illius manifesta
criminis denotatione pellatur. Nullus enim apud leges sæculi
damnatur, nisi in criminali causa deprehensus veritatis testimonio
patuerit (49), et nullus eclesiæ qui fuerit ordinibus consecratus,
merito deponendus erit, si non certis criminibus apparuerit con-
victus. Unde sub hac authoritate (50), præcipimus ut abbas
cœnobii sancti Carilefi (51), postquam electus regulariter, atque
canonice fuerit, et (52) ordinatus, a nullo, nec episcoporum, nec

(44) caritas, L. — (45) Karilefi L. — (46) Cenomanici, L. — (47) respi-
ciant. L. — (48) Cenomanicus, L. — (49) et manque L. — (50)auctoritate L. —
(51) Karilefi L. — (52) et manque L.

regum, nec alia qualibet persona deponi possit, si non criminalis
intercesserit causa, pro qua merito secundum regulam sancti
Benedicti, et canonum instituta, deponi debeat. Hæc autem cons-
tituta volumus omnibus omnino modis inviolabilia præsentibus
et futuris temporibus permanere, et a nemine, vel regum, vel
episcoporum, vel alicujus ordinis violari (53). Quod si quis
constitutionis nostræ parvi ducens decretum, cœnobio sancti
Carilefl (54), vel abbati, vel fratribus violentiam fecerit, vel (55)
in ipsis, vel in famulis eorum, vel in omni ipsius monasterii
possessione invasor apparuerit, reum se in divino judicio, non
dubitet apparere, et divinæ censuræ puniendum damnatione.
Unde constituimus, ut primum quisquis hoc molitus fuerit, sui
honoris dignitate privetur, sive sit sæcularis, sive eclesiastica
persona, deinde ab eclesiasticæ communione (56) societate fiat
alienus, corporis quoque, sanguinisque Christi participatione non
communicet, donec vel quod inique gessit corrigat, vel digna
penitentia satisfactionem emendet. Fratres vero ipsius monasterii,
si quid horum quæ constituimus violatum esse cognoverint, id
est, si abbatis electionem quis eis prohibere molitus fuerit, vel
ipsius monasterii possessiones, aut quæ ibi oblata fuerint, suo
juri mancipare decreverit, vel ipsum monasterium episcopus
Cenomannicus (57) ad civitatis (58) subditionem subjugare ten-
taverit, licentiam habeant, metropolitanum episcopum Turonen-
sem convenire, et præssuram innotescere suam ; et metropolitanus, causa cognita, personam per quam vexantur, conveniat, et
cui periculo tradita sit, ex præsenti authoritate (59) relecta edicat,
ut quem (60) emendare velit, quæ prave gessit, moneat. Quod si
non libenter audire, et reatum corrigere suum noluerit, secundum
præsentis constitutionis decretum, eum a communione christia-
norum, et corporis sanguinisque Christi participatione efficiat
alienum, quæcumque fuerit persona, et cujuscumque (61) digni-
tatis. Quod si metropolitanus episcopus eorum precibus , et

---

(53) Dans L, la phrase suivante forme le commencement d'un nouvel alinéa. —
(54) Karilefl, L. — (55) et vel L, — (56) communionis L. — (57) Cenomanicus L.
— (58) L ajoute suæ. — (59) auctoritate L. — (60) ut quo, L. — (61) L ajoute
fuerit.

4

acclamationibus adjutorium præstare detrectaverit, licentiam habeant sancti Carilefi (62) monasterii fratres apostolicam, id est, romanam fidem adire, et necessitudinis suæ causam, ante episcopum, qui tunc fuerit urbis Romæ deponere, et præsentis edicti constitutionem manifestare, ut romanus pontifex, cognita causa, justam anathematis condemnationem exercere in reum (63) non moretur, ut monasterium prædictum (64) possit suæ libertatis munitionem habere, et pontificale decretum, regumque immunitates, romanique pontificis constitutum, inviolabilem perpetuis obtineant temporibus firmitatem.

26. — DONATIO TERRÆ DE MONTE GAUDIO, VULGO MONJOYE, PER WILLELMUM DOMINUM CASTRI SANCTI CARILEFI (*).

1015-1036.

Notum sit omnibus hominibus (1) tam præsentibus, quam futuris, quod Willelmus abiit ad Herbertum Cenomanensem comitem prænomine Canem Exitantem (2) requirens ut suo consensu faceret castellum ad Sanctum Carilefum. Ipse autem comes respondit ei non se dimissurum in suam terram facere oppidum, nisi ab eo acciperet aliquod magnum donum. Postea vero ipse Willelmus rediit et venit ad abbatem Herbertum, qui tunc regebat eclesiam beati (3) Carilefi petens ab eo ut daret ei (4) centum solidos, et unum pallium pretiosissimum qui valebat trigenta libras cum auro, ea ratione ut pro pallio daret denarios sine ulla requisitione et pro remedio animæ suæ dimitteret Domino et sancto Carilefo domos suas quas supra beatus Petrus (5) habebat, et arcas et viridarium, et omnes coustumas quas clamabat in ista parte aquæ, quæ vocatur Anisola et omnia quæ habebat, timebat

---

(62) Karilefi L. — (63) in reum exercere, L. — (64) præfatum propriam possit, L.

(*) Cf. *Cenomania*, de dom Briant. A la page 41 de notre manuscrit le copiste a inscrit en marge la note suivante : Extrait du livre doré étant l'ancienne caterne de l'abbaye de Saint-Calais.

(1) hominibus, manque c. — (2) excitantem, c. — (3) sancti, c. — (4) illi, c. — (5) beatum Petrum, c.

enim peccatum de immunditiis quas inter sanctuarium faciebat,
Insuper pro hac re dedit monachis terram de Monte Gaudio cum
molendino et pratis qui ad eam pertinebant. Testes sunt Willelmus
qui hæc nobis vendidit et dimisit et Beatrix conjux ejus. Odo
filius eorum. Orricus. Harduynus pertico. Orricus de Brajo.
Vosus de Solday. Orricus natator. Hubertus filius Hubaldi.
Galtinus filius Dragonis. Teobaldus de Rezona (6). Herbertus
abbas qui pallium et denarios vro hac re dedit, et preceptum
exinde fieri jussit, et ante ipsum Willelmus firmare fecit.
Gaudinus mo. (7) prior. Hamelinus mo. Petrus mo. Abo mo,
et conventus (8). Si quis hanc conventionem ac donationem calum-
niari (9) præsumpserit, cum Iuda proditore Domini maledictio-
nem sustineat, et sit anathema.

27. — GROS DES CURES (1).

XIIIe siècle.

A tous ceux qui ces presentes lettres verront Jacque de
Touteville (2) chevalier, seigneur de Beuré (3), baron d'Ivry et
de Saint-Andry en la Marche, conseiller chambellan du roy notre
sire, garde de la prevosté de Paris salut, scavoir faisons que l'an
de grâce mil quatre cent quatre vingt huit, le samedi vingt
huitième jour du mois de mars vismes et leusmes mot après mot
une lettre (4) de Vidisse écrite (5) en parchemin scellée comme il
appartient (6) sur double queue et cire verd, du scel de la cour
de l'officialité du Mans saine et entière (7) contenant cette forme.
Universis præsentes litteras inspecturis, officialis Cenomannensis
salutem in Domino. Noverint universi nos vidisse, tenuisse,
legisse, palpasse, et de verbo ad verbum inspexisse quasdam
litteras sanas et integras non abolitas nec cancellatas, nec in

(6) Bezona, c. — (7) monasterii c. — (8) conversus, c. — (9) calumpniari, c.

(1) Nous avons trouvé aux archives de la fabrique d'Évaillé, (canton et arrondissement de Saint-Calais), un exemplaire de ce vidimus, transcrit sur parchemin
en 1488. Le texte en est ordinairement plus correct que celui du cartulaire ; nous
y avons relevé les variantes qui suivent. — (2) Destouteville. — (3) Beuru. —
(4) lettres. — (5) escriptes. — (6) apparoit. — (7) seines et entières.

aliqua sui parte vitiatas, sed omni vitio et suspitione carentes, sigillo reverendi in Christo patris et (8) domini bonæ memoriæ domini Gaufridi divina permissione Cenomannensis eclesiæ ministri, prout nobis prima facie apparebat legitime sigillatas et roboratas, formam quæ sequitur continentes : Universis præsentes litteras inspecturis, Gaufridus divina permissione Cenomannensis eclesiæ minister humilis, salutem in Domino. Noverint universi quod cum dilecti nostri in Christo decanus de sancto Carilefo (9) et decanus de Troou de mandato nostro diligenter inquisissent a bonis viris et juratis qui (10) jura et quos redditus abbas et conventus beati Carilefi in suis decanatibus percipiant (11) et haberent; dicti decani nobis rescripserunt prout inferius declaratur : hi sunt redditus et portiones quas percipiunt abbas et conventus sancti Carilefi in decanatu sancti Carilefi. In eclesia de Bolfet (12) percipiunt et solent percipere ab antiquo prædicti abbas et conventus patronatum eclesiæ, et duas partes omnium decimarum bladi et vini, et omnium primitiarum et tractuum decimarum et tornum, et duas partes omnium oblationum quæ sunt in quinque festibus annalibus, in nativitate Domini, in purificatione Beatæ Mariæ, in resurrectione Domini, in festis beatorum Petri et Pauli æstivalium, in festo omnium sanctorum ; hæc omnia percipiunt dicti abbas et conventus, et solent percipere, excepta tertia parte omnium decimarum et primitiarum de quatuor hostagiis, videlicet de la Millere, de Parva Iexa (13), de la Racaudère (14), de hostagio Rosmundi (15) la Feste, quam presbiter dictæ eclesiæ debet percipere quiete, et aliæ duæ partes debent concurrere (16) ad communem decimam. Item percipiunt dicti abbas et conventus in eclesia de Baillou (17) medietatem patronatus et tertiam partem omnium decimarum bladi et vini, excepta terra domini (18) de Pontibus et terra Gervasii de Cogneres (19) militis et exceptis omnibus hominibus domini de Pontibus, pratis (20)

---

(8) ac. — (9) Karileffo. Notons une fois pour toutes que ce nom propre est ainsi orthographié dans toute la pièce. — (10) que. — (11) perciperent. — (12) Bolfet ou Berfay, canton de Vibraye, arrondissement de Saint-Calais. — (13) Iopa. — (14) Rachaudere — (15) Richemundi. — (16) convenire. — (17) Baillou, commune du canton de Mondoubleau, arrondissement de Vendôme (Loir-et-Cher). — (18) dominica. — (19) Congneux. — (20) preter.

Guillermi Javari et Copichon (21) et excepta terra Guillermi Baufray et terra præpositi de Baillou. In his exceptis, percipit sola eclesia omnes decimas et primitias, et in propriis hominibus eclesiæ percipit eclesia omnes primitias, et alia decima illorum hominum est communis, præter decimam vineæ Chauvet, sitæ juxta domum; in omnibus primitiis tertiam partem tractus decimarum et tertiam locorum. In eclesia de Raheyo (22) solent percipere ab antiquo et adhuc percipiunt dicti abbas et conventus patronatum et omnes decimas bladi et tractuum (23) et locum et paleas et decimas vini, exceptis duobus modicis (24) bladi et octo sextariis frumenti, et octo siliginis et octo avenæ quæ rector (25) dictæ eclesiæ debet habere per manum dicti abbatis et conventus sive ipsorum allocati, et excepta decima vinearum de hortis quam præsbiter debet solus percipere ; percipiunt etiam duas partes omnium primitiarum et præsbiter tertiam in quinque festis annalibus et in crastino nativitatis Domini et in crastino resurrectionis Domini duas partes omnium oblationum. Abbas Sancti Carilefi est patronus eclesiæ beati Martini de Sergeyo (26) juxta Brajam (27) et percipit omnes decimas bladi et vini, exceptis duobus modiis bladi, octo sextariis frumenti et octo sextariis siliginis et octo sextariis avenæ quæ percipit præsbiter illius eclesiæ prædictæ (28), dictus abbas percipit in dicta eclesia duas partes omnium primitiarum, et in quinque festis annalibus duas partes oblationum, et in crastino nativitatis Domini duas partes panum qui offeruntur in ipsa eclesia. In parochia de Savigenyo (29) supra Brayam percipit dictus abbas in medietaria Villieres (30) tres minas frumenti, in medietaria Taforau, unum sextarium frumenti, in medietaria Guillermi (31) Montium et Salomonis, unum sextarium frumenti, in amitero (32) et in tribus medietariis de Planchis quæ sunt Guillermo (33) de Rocha militis, omnes decimas bladi et vini et in heredibus Remondi Taforeau similiter primitias et omnes decimas bladi et vini. In eclesia

(21) Copechon. — (22) Rahai, commune du canton et de l'arrondissement de Saint-Calais. — (23) tractum. — (24) modiis. — (25) presbiter. — (26) Cergeyo, Sargé, commune du canton de Mondoubleau, arrondissement de Vendôme. — (27) Briam. — (28) preterea. — (29) Savugenyo, Savigny, chef-lieu de canton, arrondissement de Vendôme. — (30) Oilliro. — (31) Guillelmi. — (32) ametero. — (33) Guillelmo.

de Fortan (34) percipit dictus abbas patronatum et omnes
decimas bladi, exceptis duobus modiis, uno frumenti, et alio
siliginis quæ præsbiter illius eclesiæ percipit: percipit etiam
dictus abbas duas partes omnium primitiarum et in quinque
festis annalibus duas partes omnium oblationum et de decimis vini duas partes et præsbiter tertiam, excepta vinea de
Challoneau cujus abbas percipit decimam solus. In eclesia de
Merolis (35) percipit abbas patronatum et omnes decimas bladi et vini, exceptis duobus modiis bladi, scilicet octo sextariis
frumenti et octo siliginis, et octo avenæ quæ præsbiter
debet percipere, de omnibus primitiis percipit duas partes dictus
abbas et præsbiter tertiam. In eclesia de Conflans (36) percipit
dictus abbas quartam partem decimarum bladi et vini quæ trahun-
tur ad grangiam monachorum pietatis Dei, exceptis paleis et tractu
duobus modiis bladi uno frumenti et alio (37) siliginis quos (38)
percipit præsbiter eclesiæ in primitiis quæ solebant devenire ad
manum domini de Conflans antiquitus duas partes et in quinque
festis annalibus duas partes omnium oblationum. In eclesia
sancti Joannis de Montailler (39) percipit dictus abbas patronatum
et in magna decima bladi percipit præsbiter dictæ eclesiæ primo
duo modia siliginis et unum avenæ, et postea abbas percipit in
dicta decima octo sextarios (40) bladi et quatuor avenæ quiete et
in residuo capit abbas medietatem et duo milites aliam, videlicet
Chapredasne (41) et d. Ruçillon (42), et in tractu et in loco medietatem similiter, et in decima vini dictæ eclesiæ extra villam medietatem videlicet decimam vini de villa de la Bourgonière (43)
cum pertinentiis percipit abbas solus ab antiquo, percipit
etiam abbas omnes decimas hominum suorum manentium
in dicta parochia, percipit etiam in omnibus primitiis tertiam
partem et præsbiter duas partes, percipit etiam in quinque
festis annalibus tertiam partem omnium oblationum. In
eclesia d'Escorpain (44) percipit dictus abbas patronatum et

---

(34) Fortan, commune du canton de Savigny, arrondissement de Vendôme.
— (35) Marolles, commune du canton et de l'arrondissement de Saint-Calais. —
(36) Conflans, id. — (37) uno. — (38) que. — (39) Montaillé, commune du
canton et de l'arrondissement de Saint-Calais. — (40) sexteria. — (41) Chape-
dasno. — (42) Reveillon. — (43) Bourgonnier. — (44) Escorpayn, commune du
canton et de l'arrondissement de Saint-Calais.

medietatem decimæ bladi, exceptis novalibus et percipit tres partes palearum et tractum et tres partes locorum et trahatur ab abbate dicta decima; dictus abbas percipit in dicta eclesia quartam partem omnium primitiarum et quartam partem oblationum in festis annalibus, aliis festis nihil. In eclesia d'Aveillé (45) percipit dictus abbas duas partes magnæ decimæ bladi et medietatem tractus et nihil amplius (46). In eclesia de Bessé (47) percipit dictus abbas sextam partem omnium primitiarum excepto feodo de Cortiau, et in quinque festis annalibus sextam partem omnium oblationum et sextam partem decimæ bladi in parte terræ dominæ Heloyse. In eclesia de Capella Hugonis (48) percipit dictus abbas tertiam partem omnium primitiarum et tertiam partem omnium oblationum in quinque festis annalibus ; item percipit in eadem eclesia in quadam masura quæ vocatur Spinet duas partes decimarum bladi et vini et primitiarum ejusdem eclesiæ et præsbiter tertiam partem. In eclesia sancti Medardi de Locquenay (49) percipit tresdecim sextarios bladi scilicet septem sextarios siliginis, duo frumenti, duo hordei, duo avenæ. In eclesia de Vencayo (50) decimam de Chereseyo et decimam de la Mailletiere bladi et vini et enim primitiarum. In eclesia beatæ Mariæ Carilephi percipiunt abbas et conventus patronatum, in festo omnium sanctorum duas partes omnium oblationum, in nativitate Domini duas partes similiter et in crastina die duas partes panum oblatorum et medietatem denariorum et per omnes octavas medietatem, in purificatione beatæ Mariæ duas partes omnium oblationum, in resurrectione Domini duas partes omnium oblationum et per octavam medietatem, in vigilia Ascensionis et in die medietatem omnium oblationum (51), et in festo Pentecostes duas partes omnium oblationum,

(45) Aveille, maintenant Evaillé, commune du canton et de l'arrondissement de Saint-Calais. — (46) ad plus. — (47) Bessé, commune du canton et de l'arrondissement de Saint-Calais. — (48) La Chapelle-Huon, id. — (49) Saint-Mars-de-Locquenay, commune du canton de Bouloire, arrondissement de Saint-Calais. — (50) Vancé, commune du canton et de l'arrondissement de Saint-Calais. — (51) Tout ce passage est ainsi modifié : per omnes octavas medietatem in vigilia Ascentionis et in die medietatem omnium oblationum In purificatione beate Mario duas partes omnium oblationum in resurrectione Domini duas partes omnium oblationum et per octavas medictatem In vigillia Ascensionis et

in nativitate beatæ Mariæ medietatem, et in decimis omnium primitiarum duas partes et omnes decimas bladi et vini (52). In parochia de Valeines (53) percipiunt dicti abbas et conventus in feudo (54) de Flanier (55) duas partes bladi et vini excepto hospitio Theobaldi de Landes. In parochia de Vy (56) percipiunt dicti abbas et conventus duas partes decimarum bladi et vini in feudo (57) de Redonne. In eclesia sancti Johannis de Montailler percipiunt dicti abbas et conventus unum modium bladi in magna decima, videlicet, quatuor sextaria avenæ et octo siliginis et in residuo medietatem ; percipiunt etiam parvam decimam sancti Joannis et medietatem tractus et tertiam partem mestivæ (58) apud Chalonge et medietatem decimæ et sextam partem tractus et sextam mestivæ (59) in terra Adam (60) Founeau medietatem decimæ ; hæc sunt quæ percipiunt abbas et conventus Sancti Carilephi. In parochia Villalavard (61) habent patronatum ipsius eclesiæ et percipiunt et percipere consueverunt ab antiquo in eadem eclesia duas partes oblationum, denariorum, candellarum, et panis, in vigilia et in die assumptionis beatæ Mariæ, exceptis oblationibus mortuorum et exceptis legatis a quolibet factis eclesiæ vel præsbitero, percipiunt etiam medietatem omnium oblationum in vigilia et in die nativitatis beatæ Mariæ, exceptis similiter supradictis oblationibus mortuorum et reliquiarum et legatorum a quolibet factorum eclesiæ vel præsbitero, percipiunt insuper tertiam partem decimæ (62) tam bladi quam vini, percipiunt totam decimam vini in hortis hominum suorum de Villalavart, primitiæ vero si quæ sunt, sunt præsbiteri, et percipiunt duas partes primitiarum bestiarum hominum suorum de Villalavart. Habent etiam dicti

in die medietatem omnium oblationum et in festo Pentecostes... La leçon du cartulaire est évidemment préférable. — (52) Dans le texte du cartulaire, le copiste a reporté plus loin le passage suivant que nous fournit le vidimus de 1488. In parochia (de Ruilliaco) percipit abbas duas partes omnium decimarum et primitiarum de hostagio de la Bellengier. In parochia de Vallennes.— (53) Valennes, commune du canton de Vibraye, arrondissement de Saint-Calais. — (54) feodo. — (55) Flavier. — (56) Saint-Gervais-de-Vic, commune du canton et de l'arrondissement de Saint-Calais. — (57) feudo. — (58) mesture. — (59) mesture. — (60) Odonis Fannau. — (61) Villavard, commune du canton de Montoire, arrondissement de Vendôme, Loir-et-Cher. — (62) decimarum.

abbas et conventus in parochia sancti Laurentii (63) patronatum ipsius eclesiæ et ejus decimam (64) tam bladi quam vini et duas partes primitiarum in eadem parochia, exceptis terris et vineis de Fulgot in feodo Mathei Pointvillain militis, et exceptis quibusdam terris et vineis de novo ad culturam redactis, et in aliis in quibus persona sancti Laurentii percipit totum vel decimam partem; percipiunt insuper in eadem eclesia duas partes omnium oblationum in quinque festis annalibus et duas partes tortellorum, in crastino nostri Domini ; habent etiam dicti abbas et conventus patronatum eclesiæ de Monte Aureo et medietatem omnium oblationum singulis diebus in omnibus eclesiis totius parochiæ, et duas partes oblationum in quinque festis annalibus, ita tamen quod quicumque celebret missam, sive præsbiter sive monachus, per totum annum percipit primum denarium oblatum extra suam portionem ; percipiunt etiam quartam partem canabi et lini et naporum et in illa quarta parte percipit præsbiter decimam partem, in aliis vero primitiis utpote, agnorum, vitulorum, lanarum, et porcorum, percipiunt dicti abbas et conventus duas partes, tertiam autem in decimis vini; per totam parochiam percipiunt idem abbas et conventus quartam partem et sextam partem et in decimis bladi quartam partem ; et in istis portionibus percipit præsbiter decimam partem, præterea percipiunt dicti abbas et conventus duas partes candellarum, in purificatione beatæ Mariæ et in festo Innocentium, aliis vero diebus per totum annum percipit præsbiter oblationes candellarum et cereorum et denariorum oblationum cum pane benedicto et denarios appositos in cereis nubentium et quatuor denarios oblatos a marito et denarios appositos in candellis pro mulieribus purificandis et panes oblatos ab eisdem ; percipiunt si quidem dicti abbas et conventus decimas molendini de Prosay (65). Hæc percipiunt dicti abbas et conventus in parochia de Ternay (66) tertiam partem decimarum bladi et vini in medietaria sua de Aluctis et duas partes primitiarum in domo medietarii supradicti. Percipiunt in parochia

---

(63) Montoire, chef-lieu de canton, arrondissement de Vendôme. — (64) omnes decimas. — (65) Prazay. — (66) Terné, actuellement Ternay, commune du canton de Montoire, arrondissement de Vendôme.

sancti Quentini (67) de Varenna duas partes decimarum bladi et vini in terris suis domus eorum de pascuo Caroli (68) Magni et omnes primitias ejus (69) ter:arum suarum prædictarum et bestiarum mansionarii ibidem commorantis. In parochia de Culture (70) percipiunt medietatem in magna decima tam bladi quam vini, et tertiam partem decimæ de Bosco et tractum de ambabus. In parochia de Fontibus (71) habent jus patronatus in eadem eclesia et sextam partem oblationum in quinque festis annalibus. In parochia de Pinibus (72) percipiunt tertiam partem bladi in tota parochia. In parochia de Ruilliaco (73) percipiunt duas partes omnium decimarum et primitiarum de hostagio et de la Berengerie. In parochia de Sougeyo (74) percipiunt duas partes magnæ decimæ quæ trahitur ad grangiam ipsorum et tertiam partem decimæ de fossa et duas partes in decima de Vilier, in illis duabus partibus percipit presbiter de Sougeyo tertiam partem decimarum tam bladi quam vini, percipiunt etiam duas partes in decima de Court quæ fuit defuncto Baldouin (75) de Rupibus militis, tam bladi quam vini et duas partes in decima de Vicella tam bladi quam vini, percipiunt insuper medietatem pisorum, fabarum, naporum, et aliorum leguminum in magna decima quæ fuit defuncti Gaufridi de Rupibus militis. Percipiunt in parochia sancti Martini de Nemore (76) omnes decimas et primitias terrarum suarum de Belloniere et de Vinette et omnes decimas et primitias hominum suorum ibidem manentium. Percipiunt in parochia de sancto Siviardo (77) medietatem totius decimæ et quatuor solidos venientes de oblationibus quinque festorum annalium et pro primitiis. Percipiunt in eclesia de Cordemenche (78) tertiam partem

(67) Saint-Quentin, id. — (68) Karoli. — (69) Ce mot n'existe pas dans le Vidimus de 1488. — (70) Couture, commune du canton de Montoire, arrondissement de Vendôme. — (71) Fontaine-en-Beauce, commune du canton de Savigny, arrondissement de Vendôme. — (72) Les Pins, commune du canton de Neury, arrondissement de Tours, Indre-et-Loire. — (73) Ruillé, commune du canton de La Chartre, arrondissement de Saint-Calais. — (74) Sougé, commune du canton de Savigny, arrondissement de Vendôme. — (75) Baldonerii. — (76) Saint-Martin-des-Bois, commune du canton de Montoire, arrondissement de Vendôme. — (77) Savardo. Il s'agit vraisemblablement ici de la paroisse de Saint-Georges-de-Lacouée, canton de Lucé, arrondissement de Saint-Calais. — (78) Courdemanche, commune du canton de Lucé, arrondissement de Saint-Calais.

totius decimæ tam bladi quam vini. Item percipiunt in parochia de Savigneyo in Mulcero et in tribus medietariis de Planchis percipit adunatim (79) tria sextaria frumenti et unam minam de eleemosina et in quatuor medietariis de Planchis quæ sunt Guillermi (80) de Rocha militis omnes decimas bladi et vini et omnes primitias in garena Bofard, et omnes decimas bladi et vini, non autem in petitionem dictorum abbatis et conventus presentem inquisitionem sigillo nostro fecimus sigillari. Datum apud Ebræcum (81) die mercurii post assumptionem beatæ Mariæ, anno gratiæ millesimo cc xx (82) secundo : Quod autem nos officialis Cenomannensis vidisse testamur, et hoc (83) omnibus quorum interest aut (84) interesse potest, significamus per præsentes litteras sigillo curiæ nostræ sigillatas datum et hujusmodi vidisse die decima quarta mensis junii anno Domini millesimo quadringentesimo decimo quarto, et en marge étoit écrit Maillard Bouessiere et pro collatione facta, et nous a ce présent transcript ou vidimé, et témoins de ce mismes (85) le seel de la dite prevosté de Paris les jours et ans que dessus par nous (86) dit. Signé Porage avec parafe.

28. — TRANSACTION AVEC RAOUL DE CLERMONT SEIGNEUR DU CHASTEAU.

1283.

A tous ceux qui verront et oyront cestes presentes lettres gye Raoul de Clermont aisné fils monseignor Simon de Naylle vicomte de Chateaudun et chambellan de France salut en notre Seignor : saichent tous que comme l'abbé et convent de Saint-Kalles ou Maine me requissent que je disse mon dict des hales du marchés de Saint Kalles de dix sols de tournois et sept

---

(70) Annuatim. — (80) Guillelmi. — (81) Ebuacum (Yvré-l'Évêque). — (82) ccxe secundo. Cette date n'est pas plus exacte que celle qui est donnée par le cartulaire. Au XIIIe siècle, il y eut quatre évêques du Mans qui portèrent ce même prénom de Geoffroy. Nous croyons que ce fut sur l'ordre du premier d'entre eux, Geoffroy de Laval, qui administra le diocèse du Mans de 1225 à 1234, que fut faite l'enquête dont les résultats sont consignés dans le *Gros des Cures.* — (83) his. — (84) et. — (85) avons mis. — (86) premier dit.

deniers (1) tournois, ou en monoye courant qui étaient deues de cens sur le chateau de Saint Kalles ce comme ils disoient pour une place assise devant ledit chateau pour des cens de Cergié ou compromis qui étoit sur moy sur tous les contens qui etoient meus contre moy par raison de yolant jouro ma falme (2), d'une part et les dits religioux de l'autre, et desquelles choses leur droiture demeure saulve, se il avenoit que je ne deisse mon dict, ou que je n'en ordonnasse. Je promets en bonne foy que gye feray a mon pouvoir pour procurer que mes hoirs auront ferme et estable le dict et le ordonnement que gye ay dit et prononcié pour que je entend a dire ou a prononcier sur les articles qui demeurent des contens davant dict, et que ce soit ferme et estable gye en ai donné esdits religieux cestes presentes lettres scellées en mon sceau en temoin de verité ; ce fut donné en l'an de l'Incarnation de Notre Seignor mil deux cent quatre vingt et trois le jour dou mercredy prochain d'aprez la invention sainte croix scellée en queue simple de cire verd.

29. — TRANSACTION AVEC AELIS DE NÉELE DAME DU CHATEAUX.

1319.

Sachent tuit a qui il appartiendra ou puet appartenir. Comme dissension fust mehue entre nous Aelis dame de Néele d'une part, et nous l'abbé et convent de Saint Kalles d'autre, sus aucuns articles dessous nommés, nous sommes descendus a accord en la manière qui s'en suit. Premierement nous sommes à accord expres que la pronontiation ou sentence que fit notre cher père monseignor Raoul de Néele sus aucunnes discensions mehues entre nos predecesseurs et les dicts religioux demeurcront en estat et en sa fermeté et se aucune pronontiation ou sentence arbitrale ou composition amiable a été donnée contraire à ycelle pronontiation, soit de nulle valeur et tenue pour nulle ; et comme le dict abbé et convent se dolussent de l'aviron dou marchiez de

---

(1) un denier, *Cenomania*. — (2) Le copiste a tellement défiguré le texte en cet endroit, qu'il en est devenu incompréhensible.

Saint Kalles, nous dict Aelis entendons que notre prevoust de Saint Kalles et l'aloué des dicts religioux cuellent communement la coustume de l'aviron et du marchié et que notre dict prevoust porte le gant en quel luy et l'aloué des dicts religioux mettent communement la coustume ceuillie et la mettent en la bourse et le marchié finy ils departent communement ce qui est dans la bourse, de laquelle bourse notre prevoust dessus dict porte la clef et est la bouete communement gardée durant le marchié et tant que l'argent soit departi, et depuis notre dict prevoust l'emporte. Item quant au chemin que les dits religioux avoient rompu, accordé est entre nous dessus dicts, que les dits religieux amenderont ce qu'ils ont enjurié se amende n'est finy. Quant aux deffenses que les dicts religioux font en la rivière nous dessus dis sommes à accord que les dicts religioux ont en aucuns lieux droit dou flef et en aucuns non, et doit l'en tourner sur les lieux pour accorder des merces. Item quant au moulin aux chaloignes, nous devant dite Aelis quenoissons que les dits religioux y ont la simple voyrie. Item quant aux estagers du moulin de la Fousse sur lesquels nous demandons coustume et bourgoisie, les dits religioux doivent montrer l'usage de leur franchise de flef et ainsi le feront garder. Item quant au paage que les dits religioux appellent essue que ils prennent de leurs hommes en la ville de Saint Kalles tant en notre bourt que en leurs, nous dite Aelis quenoissons que ils sont francs, et à nous le paage de nos hommes en cas semblable. Item quant au ban, nous dite Aelis assentons que les dits religioux le povent vendre o vin et sans vin, et commencer la veille de la my aoust ou environ et dure quinze jours tant seulement. Item à ce que les dits religioux prenoient la coustume en plein marchié de tous bourgois la veille de saint Kalles, nous dite Aelis asseuront que ils soient et si comme ils sont anciennement accoustumés. Item nous dite Aelis quenoissons que les dits religioux baillent les mesures, reservé à nous que se les dites mesures sont trouvées sans saing ou fausses en la chastellenie hors la ville de Saint Kalles, à nous en appartient la correction et l'amende. Item nous dite Aelis croyons que les anciens metaiers des dits religioux sont francs de coustume au marchié de Saint Kalles tant comme metaiers et dont l'abbé ra-

portera par son serment, les quelles metairies sont anciennes.
Item nous dessus dite Aelis et abbé et convent assentons se les
mesures sont trouvées fausses ou non convenables en notre bour
d'entre leurs ou le chatail, nos gens les prennent en la presence
de l'aloué aux dits religioux qui en ont la quenoissance et
l'amende. Item nous dite Aelis croyons que les dits religioux
sont en saisine d'avoir les coustumes et dessous semaine de la
ville de Saint Kalles. Item nous dite Aelis croyons que les dits
religioux ont neuf deniers et mail de cens sur le prez et terre ou
est le moulin Pheleppin. Item nous assentons que les censis et
mouvans de..... vent et tournent à leur four et moulin, et de
continuer comme ils ont anciennement usé et s....... en rendant
le devoir anciennement accoustumé et sans liberer en mes
articles la pronontiation de notre chier père monseigneur Raoul
de Néele. Item nous dite Aelis et abbé et convent dessus dits de
commun consentement établissons monsieur Renart l'Usurier
deen de Trou et monsieur Foucquet de la Cousture a oyr et recevoir l'information des articles dont les dits religioux doivent en
fournir; nous donnons pouer d'en prononcer et de terminer, et ce
entre eux a discorde en leur prononciation, nous dessus dits
établissons moien de commun accord monsieur Gilles de Leval
chevalier et rendront finalement la prononciation que ils en
ordonneront tant pour nous que contre nous, et en témoin de
l'approbation des chouses dessus dites, nous dessus dite Aelis
apposons en ces presentes lettres notre séel en tesmoins de
vérité ; ce fut fet en l'an de grace mil trois cent et dix neuf, le
lundy avant la Tiephanie.

30. — PERMISSION DU ROY POUR LES FORTIFICATIONS DE L'ABBAYE.

1305.

Estienne Dolbeau lieutenant ou Maine de monsieur le sénéchal
d'Anjou et du Maine ot commis du Roy notre sire en cette partie
à Pat. lo Voyer seigneur do Pesche, Jean Gaugain, Phelippot de
Sauleux ot à Guillaume et Huet les Vavasseurs, ou à deux d'yceux,

salut. Nous avons receu les lettres du Roy notre sire contenant
la fourme qui s'en suit. Charles par la grâce de Dieu, Roy de
France au sénéchal d'Anjou et du Maine ou à son lieutenant salut.
Nos bien amez les religioux abbé et convent de Saint Kalles ou
Maine, nous ont humblement fait exposer, que comme leur église
soit de fondation réal, fondée par nos prédécesseurs, en laquelle
gyst et repouse le saint corps de saint Kalles, et en laquelle
devant nos guerres a accoustumé d'avoir pour faire le divin
service trente religioux ou plus, et puis à huit ans ou environ, a
convenu aux dits religioux par la force de nos ennemis laissé
ladite église, de laquelle les dits ennemis ont fait estable, usita-
tion de pillars et autres mauvais gens, pour le repos des susdits,
jusque la saint Michel dernière passée, et pour ce que ledit abbé
a veu et considéré que la dite église était mise de tout au néant,
et que par le temps dessus dit l'en avait fait le dit service divin,
et que les dits religioux étoient vacans par le monde avec les
séculiers en délaissant la religion dont grand dommage étoit, et
grand déshonnours audit abbé, et pour ce que selon ce qu'il
scavoit par aucuns de ses amis, les ennemis avoient entencion de
enfoncier la dite église pour détruire tout le pays ; par le conseil
d'aucuns de ses amis a print la ditte église et la faitte enforcer
par telle manière qu'elle est deffensable contre nos ennemis et
profitable à tous ceux du pays environ, qu'en ycelle pouront avoir
refuge plus promptement qu'autre part ; se nous ont fait supplier
les dits religioux que ce qu'ils ont fortifié ledit lieu sans notre
licence, le voulisme pardonner et donner licence de le tenir et
faire plus fortifier au temps a venir, et aussy qu'ils puissent
appeller leurs sujets qui plus promptement audit refuge ou dit
fort qu'en autre à li aider à garder en la manière accoustu-
mée et autres forts, pour quoy nous inclinons à leur supplie, vous
mandons et commettons que vous transportes à la dite église de
Saint Kalles laquelle se vous la voyez et tenes par telle manière
être fortifiée qu'elle soit tenable contre nos ennemis et profitable
au pays, vous ycelle lessiez en l'état qu'elle est, et la souffres à
enforcer aux dits religioux au temps à venir, et avec ce leur
donnies puissance et conglé de prendre et appeller leurs sujets
justicables, demeurants à trois leues pour de leur dite église ay

faire guet et veilliez ou cas qu'ils n'aurroient accoustumé et soient
tenus de soy retirer et faire guet en autres forts que en celuy et
ou cas dessus dit. Nous de grâce especiale et certaine science
donnons et remettons aux dits abbé et convent toute peine et
amende en quoy ils nous pouroient être tenus, et qu'ils pourroient
avoir encouru envers nous pour cette cause. Se les feres jouir
et user de notre dite grâce sans les molester ou souffrir être
molesté aucunnement par quelque manière que ce soit ; donné à
Paris le vingt un jour de février l'an de grace mil trois cent
soixante et quatre. Par vertu des quelles lettres nous vous
mandons et commettons ou à deux de vous que pour ce que vous
suiez occupez d'autre negoce pour monsieur et pour la doubte des
ennemis, que vous transporties à la dite église et abbaye devant
ditte et regardies, visitiez ycelle et vous prenies garde si elle est
telle et si forte qu'elle soit tenable contre nos ennemis selon la
fourme et teneur des dittes lettres et que mandé et commis nous
est par ycelles et ce que trouvé en aures, vous certifies tantoust
et sans delay feablement par vos loyautez sous vos sceaux affin
d'en faire en outre ce qu'il appartiendra, donné au Mans sous
notre séel le 28 jour de mars l'an 1364.

F. GAUST.

31. — CONFIRMATION DU MESME PRIVILÈGE.

1365.

Charles par la grâce de Dieu, Roy de France, au bailly de Tour-
raine ou à son lieutenant, salut. Oye par nous la grief plainte de
nos amez les religioux abbé et convent de Saint Kalles ou Maine,
affermant que combien que nous par nos autres lettres pour
certaines et justes causes contenues en ycelle leur ayons nagueres
octroyé et donné licence de parfaire fortifier et tenir le fort do
leur dite abbaye, et avec ce leur avons pardonné quitté et remis
ce que icelui fort ils ont commencié sans notre congié avec toute
amende ou offense en quoy ils pouroient pour ce être encouru
envers nous sur certaines conditions et modification avec autres

choses plus à plaint contenues en nos dittes lettre sur ce fait, et addressées au sénéchal d'Anjou et du Maine ou à son lieutenant, lesquelles nos lettres non encore été par luy exécutées pour l'empêchement des guerres ou pour autres causes si comme l'on dit ; néanmoins depuis ce, notre amé et flable comte de Dammartin sous ombre de ce qu'il se dit être seigneur de la chatellenie de Saint Calles ou ladite abbaye qui est d'ancienne fondation réal est assise ou autrement tenue la ville, a empétré de nous ou de notre cour certaines lettres subreptices à toy addressées faisant mention comment tu tantot et sans delay pour raison de certains motis qu'il a donné à entendre, fasse abbatre, demolir et annuler ledit fort qui est et seroit contre le bien publique de tout le pays, au grand dommage et préjudice d'yceluy comte et contre la teneur de nos dittes lettres à eux sur ce octroyées, supplie humblement par nous leur être sur ce pourveve de remedes gracieux et convenables nous voulants nos dittes lettres au dit sénéchal sur ce avoir et sortir leur plein effet, te mandons, commandons et expressement deffendons que jusqu'à ce que nos dittes lettres soient à plein exécutées par ledit sénéchal son lieutenant ou leur commis et député à ce, tu ne te entremette en aucunne manière d'aucunnes choses contenues en ycelles lettres empetrées de par ledit comte, mais fait et souffre les dits religieux en tant comme il te peut ou pouroit appartenir, joir et user à plein de nos dittes grâces et octroys sans les molester ou souffrir être molestés contre la teneur d'ycelles en aucunne manière, non obstant les dittes lettres ou quelquonque autre ampetrée ou a empetrer par ledit comte sous quelquonque fourme depuis au contraire, les quels ou dits cas, nous rappellons et mettons du tout au néant par ces présentes, car ainsy le voulons nous être fait, et à yceux supplians l'octroyons de grâce especiale so mestier est. Donné à Paris le dix huitiesme jour de mars, l'an de grâce mil trois cents soixante et quatre et premier de notre règne.

Es requestes de l'autel

JEAN CHESNEL.

5

32. — VISITE DES FORTIFICATIONS FAITES A L'ABBAYE.

1365.

A honnorable homme et seige Estienne Dolbeau, lieutenant de
noble et puissant monsieur de Saintré sénéchal d'Anjou et du
Maine, Phelipot de Sauleux et Jean Gauguain salut et obéissance.
Comme vous nous ayes commis et donné en mandement de part
le Roy notre sire, de nous transporter et aller en l'abbaye de
Saint Kalles pour scavoir et visiter sel est tellement fortifiée et
garnie, qu'elle soit tenable et deffensable contre tous nos ennemis,
pour et en ce cas puyes veir ne entendre à present, que comme
il est plus pleinement contenu en une commission à laquelle ces
presentes lettres sont annexées ; plaise vous scavoir que cest
mercredy après la mecharesme dernier passé nous nous sommes
transporté en ycelle ditte abbaye et l'avons parcourue et visitée o
grand diligence et conseil de plusieurs prudhommes, seiges et
experts, gens d'armes et autres, et l'avons trouvée tellement
fortifiée et garnie qu'elle est deffensable et tenable contre tous
nos ennemis, et ce vous certifions fiablement et loyallement sur
nos fiances et loyautés, considéré le bon édifice qui y est fait, la ,
garde des personnes demourents en ycelle gens d'armes et autres,
armures et garnison et mesmement le bon conseil que sur ce
avons trouvé secretement. Donné sous nos sceaux l'an de grâce
mil trois cent soixante et quatre, le jeudy vingt septième jour du
mois de mars.

33. — TRANSACTION ENTRE MESSIRE JEAN DU BUEIL ET L'ABBÉ ET CONVENT DE SAINT CALLAIS.

1476.

Pour terminer les questions, procez et debats ineuz et pendans
en plusieurs cours et juridictions entre les religieux abbé et
convent de Saint-Callais d'une part, et hault et puissant seigneur
monseigneur messire Jean du Bueil comte de Sancerre, seigneur
de Bueil, de Chateault en Anjou, et dudit Saint-Callais d'autre

part, et fairé paix entre eux, ont été faits, passez et accordés les
articles qui s'ensuivent. Premièrement comme les dits religieux
eussent fait un applègement es assises du Mans a l'encontre de
Pierre Cuillier chastellain du dit lieu de Saint-Callais, pour raison
de ce que ledit chastellain en exerçant juridiction avoit tenu les
plaids de la prevôté dudit lieu, au presbitaire de Rayay qui est
au dedans de la chastellenie dudit Saint-Callais ce que les dits
religieux disoient que ledit chastellain ne pouvoit, ne devoit faire,
pour ce que ledit presbitaire est tenu de eux censivement ou
autrement en leur fief de l'ancienne fondation de ladite abbaye
qu'ils tiennent en garde de monseigneur le comte du Maine,
contre lequel applègement, le procureur de mondit seigneur
s'estoit contre applegé, en advouant droit du faire pour mondit
seigneur, et que luy et ses officiers peuvent bien justicier audit
presbitaire, pour ce qu'il est assis en la ditte chastellenie, et
tenu de mondit seigneur en garde et a la retribution du divin
service. Item et ou lesdits religieux avoient fait un autre applègement es dittes assises du Mans a l'encontre dudit Guillaume
Richard et Noel Hunault, sergent et officier de mondit seigneur
en sa ditte chastellenie, pour raison de ce qu'ils disoient contre
eux qu'ils avoient prins en justiant la char d'une vache en l'hos-
tel d'un nommé Denis Renoult demourant au lieu de la petite
Roche, qui est leur fief et seignerie, à cause de l'ancienne fondation de ladite abbaye, et au quel lieu mondit seigneur, ne ses
dits officiers, n'ont droit de justisier, contre lequel applègement
le procureur de mon dit seigneur s'estoit contre applegé, et pour
soutenir son dit contre applaigement, étoit repondu que mon dit
seigneur a cause de sa dite châtellenie de Saint-Callais a plusieurs
beaux droits et prérogatives comme à seigneur châtellain appartient, et entre autre la garde et protection de la chose publique
de la ville et châtellenie du dit lieu et que nul demourant en la
ditte ville et châtellenie, soit le dit Renoult ne autre, ne peut et
ne doit soy entremettre de tuer ne vendre char à détail sans qu'il
soit créé boucher par mon dit seigneur ou ses officiers, et qu'il
ayt fait les serments sur ce accoutumés, et se aucun fait le contraire, il encoure en amende envers mon dit seigneur, et de ce,
mon dit seigneur a jouit et usé et en est en bonne pocession et

saisine, et que ce non obstant en venant contre les dits droits de
mon dit seigneur, le dit Renoult qui n'est point boucher, avoit tué
une vache en l'an que l'on disoit mil quatre cent soixante et huit,
et ycelle exposée en vente a détail en sa maison ou il demeure,
au dit lieu de la petite Roche, ce qu'il ne devoit faire, et par ce
devoient les dits sergents pouvoient bien prendre la dite char
feust au dit fief des dits religieux ou ailleurs, afin qu'elle fut
vëue et visitée, scavoir si elle étoit venable ou non, et que mon
dit seigneur en eut amende, comme au cas appartenoit mesmement que les dits religieux, n'ont point d'égard a la police, ne au
bien de la chose publique de la ditte ville et châtellenie, mais
appartiennent iceux droits a mon dit seigneur et par ce sans
cause s'étoient dolus et appleigé chacun des dits appleigemens,
et que a bonne et juste cause le procureur de mon dit seigneur
s'étoit contre appleigé, en prenant ses dits officiers et advoués,
et que bien et a droit, il avoit fait évoquer les dites causes par
davant mes seigneurs les maistres des requestes du palais à
Paris; a été traitté que au cas que soit le bon plaisir de mon dit
seigneur que le presbitaire de Rahay demoura tenu des dits religieux en leur dit fief et seigneurie, sans ce que mon dit seigneur
y ait aucun droit de fié, parce qu'ils ont informé deûment que
c'est leur fief et seigneurie, et que d'ancienneté, ils y ont fait
tenir leur jurediction, et que les curés dudit lieu s'en sont
advoués sujets d'eux, et ce leurs ont baillé par déclaration, et au
regard de l'exploit fait par les dits sergents en l'hotel du dit
Renoult, en prenant la dite char, que à mon dit seigneur appartient la protection et garde de la chose publique et de la police
de la dite ville et châtellenie, et aussy appartient le droit des
boucheries, et par ce connoissance, punition et correction luy
appartient des délits commis en fait de boucheries, et ce que en
depent, et non pas aux dits religieux qui n'ont aucuns droits de
boucherie, et qu'il peut bien justiser par ses officiers au dit lieux
de la petite Roche, et ailleurs en sa dite châtellenie au fief et
seigneurie des dits religieux a cause des choses touchant et
regardant la police et bien publique de la dite ville et châtellenie,
et non autrement, et que bien et a droit les dits sergents avoient
prins la ditte char et apportée en la halle dudit lieu qui est lieu

destiné pour vendre à détail en la ditte ville, a été appointé que
le sergent de mon dit seigneur poura faire les visitations de la
char qui sera tuée, et les exécutions des dits délits ainsy commis
par les sujets de mon dit seigneur l'abbé ou fait de boucheries
seulement, en appellant le sergent de mon dit seigneur l'abbé ou
autres officiers de la ditte abbaye, pour être présens a voir faire
le dit exploix, ou se le dit sergent ou autre officiers étoient refu-
sans de y aller, le dit sergent de mon dit seigneur poura faire le
dit exploix, et en aura mon dit seigneur l'amende. Item et comme
les dits religieux eussent fait convenir es dites assises du Mans,
Michel Camus maréchal, demourant en la ditte ville de Saint-
Callais a l'occasion de ce qu'il disoit contre luy qu'il s'étoit désa-
voué d'eux en leurs assises pour raison d'un jardin sis en la ditte
ville de Saint-Callais derrière la maison ou demeure ledit Camus,
et auquel le dit Camus a fait de nouvel édifier une grange, contenant le dit jardin deux boissclées ou environ, joignant d'un côté
au jardin Macé Vaumour, et d'autre côté au grand chemin tendant
de la dite ville à Conflans, et d'un bout a la ditte maison ou
demeure le dit Camus, et d'autre bout au jardin Jean Carré,
lequel jardin les dits religieux disoient être tenu d'eux avec la
dite maison a quatre deniers de cens au moyen duquel desavoue
ils requéroient le dit jardin leur être adjugé, à la deffense de
laquelle cause le dit Camus tira autrefois a garand mon dit seigneur du quel il fournit en jugement es dittes assises en la personne de maitre Guillaume Thibergeau son procureur qui print
ledit Camus en garantaige de la dite demande et pour le dit
garantaige soutenir, disoit que le dit jardin étoit nûement tenu
de mon dit seigneur à trois deniers de cens à luy deubz au jour
de Langevine ou quoy que ce soit une fois l'an, et que du dit
devoir il a toujours été servi et payé par feu Pierre de Vanssé au
quel il appartenoit jusqu'à ce qu'il en fit don a Pierre Lejeune qui
pareillement fit solution et payement du dit devoir, et depuis par
un nommé Jean Beaufort prédécesseur du dit Camus, et parce
que à bonne et juste cause il avoit prins le dit garantaige, a été
traitté comme devant que la moitié du dit jardin du bout où est
la dite grange contenant ycelle moitié une boisselée ou environ,
est et demeure tenue de mon dit seigneur aux dits trois deniers

de cens sans que les dits religieux y puissent avoir droit de fief
ne seigneurie, en en tant que touche l'autre moitié du bout devers
la maison ou demeure le dit Camus, elle est et demeure au fief
des dits religieux, et tenue d'eux avec la dite maison à quatre
deniers de cens, en laquelle moitié mon dit seigneur ne poura
advouer droit de fief, par aussy qu'ils ne pourront rien demander
des arreraiges du dit devoir au dit Camus, ne advouer le fond ne
propriété du dit jardin mais est et demoura au dit Camus, ses
hoirs, et ayants cause, et est ce fait parce que les dits religieux
ont informé suffisamment de leurs droits tant par papiés et qua-
ternes anciens et par déclaration a eux rendue que autrement, et
seront tenus les dits religieux mettre hors de cour à leurs dépens
la ditte cause des dittes assises du Mans. Item et en cas où les
dits religieux auroient été ajournés en la cour de parlement à
Paris envers mon dit seigneur pour voir declarer pour désertes
certaines appellations faites par frere André Perigoys religieux et
procureur de la dite abbaye, du dit chastellain de Saint-Callais
pour raison de certains torts et griefs qu'ils maintenoient leur
avoir été fait par le dit chastellain en exerçant juridicion de par
mon dit seigneur ou dit presbitaire de Rahay, a été traitté comme
devant que les dits religieux impetreront un congié d'accord et,
mettront la dite cause d'appel hors de la ditte cour de parlement
à leurs dépens et en tant que touche les dépens faits et soutenu
en ycelle par mon dit seigneur, les dits religieux s'en soumettent
au bon jugement ordinaire et ordonnance de mon dit seigneur.
Item et ou les dits religieux étoient convenus ès assises du dit
lieu de Saint-Callais devers le procureur de mon dit seigneur en
deux demandes, l'une pour raison de ce que le dit procureur
disoit contre eux qu'ils avoient fait deffaut de faire faire les halles
du dit lieu, lesquels ils sont tenus faire faire et entretenir en
état pour le droit qu'ils prennent ès coustumes de la prevôté de
mon dit seigneur, l'autre qu'ils avoient fait deffaut de mettre et
employer en la déclaration qu'ils avoient rendue à mon dit seigneur des choses qu'ils tiennent de luy le droit de ban, qu'ils ont
en la ditto ville, qui commence la vigile de la feste Notre-Dame
my aoust à heure de vespres et dure jusque au jour de la decol-
lation saint Jean Baptiste pareillement à l'heure de vespres,

lequel droit de ban fut autrefois donné aux dits religieux par feu Guillaume vicomte de Châteaudun, jadis seigneur du dit lieu de Saint-Callais. A été traitté comme devant que les dits religieux feront faire les dittes halles, et en fourniront dorsenavant a leurs despens, ainsy que autrefois ils en furent condamnez es dites assises de Saint-Callais, à ce que le marché du dit lieu en soit mieux entretenu, et y prendront les dits religieux la moitié de la coustume ainsy qu'ils ont accoustumé de faire, et aussy qu'ils employront en leur déclaration le dit droit de ban, et iceluy advouront tenir de mon dit seigneur à la retribution du divin service. Item et au regard de vingt sols tournois de rente dont le dit procureur de mon dit seigneur faisoit question et demande aux dits relligieux pour raison d'une borde size près la forest de Saint-Callais appellée la borde au Vasseur, autrement la Houppe-lière, laquelle feu Andrée le Vasseur donna ja piéca à la fonda-tion d'une chapelle qu'il fonda en la ditte abbaye, en outre doze deniers tournois de cens, qu'il confesse pour la ditte borde, a été traitté comme devant, que le chapelain de la ditte chapelle au dit Vasseur payera et continura ou temps à mon dit seigneur et à ses successeurs à toujours mais perpétuellement la ditte rente de vingt sols tournois, en outre les dits doze deniers de cens par raison de la ditte borde et appartenance, et entend que touche les arreraiges d'ycelle échues du temps passez, les dits religieux disent que la ditte borde est en ruine et gast et de petite valeur, mais non obstant que yceux arreraiges se soumet-tent au bon jugement et ordonnance de mon dit seigneur. Item et comme le procureur de mon dit seigneur eut iatention de mouvoir procès à l'encontre des dits religieux pour raison de ce qu'il disoit contre eux que le jour de la feste saint Jean-Baptiste dernier passée, ils ont prins et levé, ou fait prendre et lever la coustume ou estalaige au bourg de Saint-Jean de Montailler des denrées qui ont été vendues et estallées à l'assemblée du dit bourg, ce qu'ils ne peuvent faire, pour ce qu'ils n'ont pas le droit, mais appartient à mon dit seigneur, a été répondu par les dits religieux qu'ils n'advouent nul droit de coutume ne estalaiges au dit bourg de Montailler, et que le dit droit appartient à mon dit seigneur, et qu'ils n'en ont rien levé ne fait lever, et se aucun l'a levé de par eux, ils le desavouent. Item sur la requeste que les dits religieux faisoient à mon dit seigneur qu'il luy plut les faire payer de la somme de quarante sols tournois de legs qu'ils disent avoir droit d'avoir par chacun ans au jour saint Rémy, ou quoy que ce soit une fois l'ans par dons et legs qu'ils disoient être faits à la dite abbaye et sur la prevôté du dit lieu par les prédécesseurs de mon dit seigneur, c'est à scavoir moitié au secrétain de la ditte abbaye, à la charge de maintenir et fournir une lampe devant le crucifix de la nef de l'église de la ditte abbaye, et l'autre moitié au convent d'ycelle abbaye pour un anniversaire qu'ils sont tenus dire et célébrer par chacun ans une fois en la dite église au jour du premier vendredy de caresme pour les âmes des prédécesseurs de mon dit seigneur, et desquels quarante sols les dits religieux disoient avoir été servy et payés de tous temps et d'ancienneté par les prévosts fermiers qui ont tenu la dite prévosté. A été traitté comme dessus que afin que monseigneur dit, et messeigneurs ses prédécesseurs et successeurs soient participants et accompagnés des bienfaits, prières, et oraisons de la ditte abbaye, que dorsenavant les dits religieux seront servi et payés des dits quarante sols tournois, moitié au dit secrétain, et moitié au convent, par les mains des prévosts qui tindront la dite prévosté au temps à venir en fournissant par le dit secrétain de la ditte lampe ainsi que dessus est dit et en faisant par le dit convent en la ditte église un anniversaire solemnel par chacun ans une fois au dit jour du premier vendredy de caresme, c'est à scavoir de vespres, vigilles, et messes des trépassés à notes, à diacres, et à sous diacres, et en faisant sonner les cloches de la ditte abbaye, et en outre on faisant à scavoir à mon dit seigneur, à madame et à leurs successeurs s'ils sont au dit lieu de Saint-Callais ou à leur capitaine ou autres officiers, qu'ils aillent si bon leur semble au dit service, a été délibéré par les dits officiers de mon dit seigneur au dit lieu Saint-Callais au cas qu'il plaira à mon dit seigneur que les dits religieux demeureront quittes des arréraiges des dits vingt sols tournois de rente par eux confessés pour la ditte borde de la Houppelière, et que mon dit seigneur demeurera quitte vers eux des arréraiges des dits quarente sols tournois par eux

prétendus sur la ditte prévosté. Pour ce que la ditte prévosté
depuis naguère temps en cy a n'a pas été baillée à la charge de
leurs payer les dits quarante sols. Item et sur la demande que le
procureur de mon dit seigneur faisoit ès dites assises de Saint-
Callais aux dits religieux de déclarer les moyens de qui ils tiennent en la dite chastellenie de séans hers la nuesse de mon dit
seigneur, et de separer et diviser à part les choses qu'ils tiennent
en la ditte châtellenie de l'ancienne fondation de la dite abbaye,
afin que aucune entreprise ou débats ne s'en puisse ensuivre au
temps à venir, ce qu'ils ont autrefois promis faire par certains
appointements faits entre les prédécesseurs de mon dit seigneur
et l'abbé Thibergeau, a été sur ce traitté que les dits religieux
bailleront par écrit les moyens qu'ils tiennent en la ditte chatellenie hors la nuesse de mon dit seigneur, et aussy les lieux et
estagers qu'ils advouent être de l'ancienne fondation de la ditte
abbaye pour les causes devant contenues, ainsy que contenu est
au dit appointement fait par le dit abbé Thibergeau ; tous et
chacuns les points et articles cy devant contenus et écrits les
dits religieux aujourdhuy comparans par frère Jean Ronsard
religieux de la ditte abbaye et leur procureur deument fondé et
ayant pouvoir espécial à ce par procuration des dits abbé et
convent qu'il a montrée et baillée devers la cour, et maistre
Guillaumeh Tibergeau procureur de mon dit seigneur de Saint-
Callais en sa ditte cour de céans, ont eu pour agréable passez et
accordé en la présence du dit Pierre Cuillier châtellain du dit
Saint-Callais, et au cas qu'il plaira à mon dit seigneur dont nous
les avons jugez et condamnés à les tenir par le jugement et
condamnation de la ditte cour de céans. Fait et passé par devant
nous Gervais Goyet licentié es loix, bailly du dit lieu de Saint-
Callais, les assises tenant, et scellé de notre sel et signé de notre
greffier, le cinquième jour de juillet, l'an mil quatre cent
soixante et seize ; ainsy signé le Roy et scellé de circ rouge en
queue double.

DU BUEIL.

Le juge,

LE ROY (avec paraphe).

34. — PROCURATION.

1470.

Universis presentes litteras inspecturis et audituris, Joannes Dei gratiâ et sanctæ sedis apostolicæ gratiâ, humilis abbas monasterii Sancti Carilephi, decanus atque archidiaconus ejusdem loci, ordinis sancti Benedicti, Cenomannensis diocesis, totusque ejusdem loci conventus, salutem in Domino. Notum facimus quod nos unanimi voluntate et assensu, fecimus et constituimus et ordinavimus, tenoreque presentium, facimus, constituimus, et ordinamus dilectos nostros fideles, religiosos, et honnestos viros fratres Joannem Ronsard, Ambrosium Des Loges, commonachos nostros, presbiteros, expresse professos, ac venerabiles viros Petrum Boucher, Petrum Pechard, procuratores nostros generales, et certos nuncios speciales et eorum quemlibet in solidum, ita quod non sit melior conditio primi occupantis nec deterior subsequentis, sed quod per unum ipsorum inceptum fuerit, per alium seu alios continuari, mediari et finiri cum effectu in omnibus et singulis causis, querelis, et negotiis nostris, et dicti monasterii nostri motis et movendis tam pro nobis, quam contra nos, tam agendis quam deffendendis coram omnibus et singulis judicibus ecclesiasticis sive sæcularibus, ordinariis, delegatis seu amicabilibus compositoribus, dando et concedendo prædictis procuratoribus nostris, et eorum cuilibet in solidum plenam potestatem, et mandatum speciale in omnibus agendi pro nobis, et dicto nostro monasterio, nosque et dictum nostrum monasterium deffendendi, conveniendi, libellum seu libellos dandi, et recipiendi, et principaliter passandi, accordandi, transigendi, concludendi appuntuamenta, quæstiones, processus et debata seu divisiones motos et pendentes in pluribus curiis ac juridicionibus inter nos abbatem et conventum supradictos et potentissimum ac dominum Joannem Du Bueil et de Chateaulx in Andegavia, et Sancti Carilephi in Cenomania, ex altera causa, faciendi pacem secundum articulos datos inter nos, et dictum dominum Du Bueil et tenorém corumdem articulorum, et generaliter omnia et singula faciendi, et exercendi quæ circa hæc fuerint necessaria seu opportuna, et quæ nos faceremus aut facere possemus, si presentes et personaliter interessemus, licet eorum aliqua mandatum exigerent magis speciale, gratum atque firmum habendi et habituri quidquid per dictos procuratores nostros, et eorum quemlibet in solidum actum, dictum, gestumve fuerit, seu etiam quomodolibet procuratum, et ea tangendo promittentes prædictis procuratoribus nostris, et eorum quolibet sub ypotheca et obligatione omnium bonorum nostrorum, et dicti nostri monasterii judicatum solvi, et judicio sisti ; in cujus rei testimonium sigilla nostra presentibus litteris duximus apponenda. Datum die quintâ mensis julii, anno Domini millesimo quadringentesimo septuagesimo sexto. Scellée la dite procuration de deux sceaux en cire vert.

35. — RATIFICATION.

1477.

Jehan, sire de Bueil et de Saint-Callais, chevallier comte de Sancerre, a tous ceux qui ces présentes lettres verront, salut. Scavoir faisons que nous avons loué, et ratifié, confirmé et approuvé, louons, ratifions, et confirmons, approuvons par ces présentes, certaines transaction, accord et appointement, traitté et fait par nos officiers au dit lieu de Saint-Callais entre nous d'une part, et les religieux abbé et convent de l'abbaye du dit Saint-Callais d'autre part, sur plusieurs procez et questions qui estoient meus et pendans en plusieurs cours et juridicions entre nous et les dits religieux, et ycelle transaction, accord et appointement nous promettons tenir et avoir agréable de point en point, selon sa forme et teneur, et sont ainsy qu'il est contenu en la dite transaction qui fut donnée en nos assises du dit lieu le cinquième jour de juillet, l'an mil quatre cent soixante et seize, parmi laquelle ces présentes sont annexées, et a ce tenir et accomplir, nous obligeons nous, nos hoirs, et tous nos biens, meubles et immeubles présens et a venir, et renonçons à toutes choses à ce contraires, en témoin de ce, nous avons signé ces

présentes de notre main, et fait séeller de notre séel, le quatrième jour de mars l'an mil quatre cent soixante et dix sept.

J. DE BÜEIL.   A. PRESTESAILLE.

36. — TRANSACTION AVEC MARIE DE LUXEMBOURG DAME DU CHATEAU.

1511.

Traitté, accord, et appointement faits sur les diflérends pendans
entre haulte et puissante princesse madame Marie de Luxembourg, comtesse de Vendomois, de Saint Pol, de Marle, de
Comersan (Conversan), et de Soissons, vicomtesse de Meaux,
dame d'Oisy, d'Espernon, de Lucou, de Ham, de Bohaing, de
Beaurevoir, de Dunkerke, de Bourbourg, de Gravelinghes
(Gravelines), de Tonnelieux, de Bruges, chastelaine de l'Isle
(Lille), dame de la chastellenie de Saint-Callais, d'une part, et
révérend père en Dieu, frère Jean Ronsard, abbé du moutier et
abbaye du dit Saint Callais, et ses religieux d'autre part, ou ma
dite Dame disoit que le droit et par la coustume du pays elle
auroit droit de prévosté et travers et ce qui en dépend au dedans
de sa chastellenie du dit Saint Callais, néammoins le dit abbé, et
ses sujets estaigiers de l'ancienne fondation d'ycelle abbaye
s'efforcent de jour en jours passer leurs marchandises, danrées
et autres choses par les détroits d'ycelle prevôté sans faire acquit
ny depry qui ne leur étoit permis, et par le dit abbé pour luy et
ses sujets étoit maintenu que par privilège et par fondation de
la ditte abbaye, lui, ne ses dits sujets de la dite antienne fondation ne devoient depry ne coustume, et en étoient exempts de
tout temps, et étoient en pocession de exemption, a été accordé
que pour l'avenir les dits religieux abbé et convent, leurs serviteurs domestiques demeurans en audedans de la dite abbaye,
leurs metayers, louagers, meusniers et fermiers demeurans es
maisons de leurs metayries, bordages, et moulins de la dite
ancienne fondation, et aussy es mestayries et bordages des
secretains, enfermier, ausmosnier et chambrier d'ycelle abbaye

et des chappelains des chapelles fondées et de ervices en ycelle abbaye de la dite ancienne fondation, étant audedans de la dite chastellenie, et pareillement es maisons de Romigny, la Guimendière, Rossay, Montjoye, et la Roche, lieux et chambres de la dite abbaye demoureront exempts et quittes de tous droits de prevosté, acquit, péage et depry, soit pour leurs choses de leur creu, leurs marchandises ou autres choses quelquonques qui pouroient devoir prevôté, coutumes ou depry, lesquels sujets exempts tant vieils que nouveaux, chacun abbé sera tenu bailler par écript authentique à madame ou à ses officiers dedans deux ans aprez qu'il sera abbé, et es quels moulins sont a scavoir et les moulins de Rossay tant à bled que à draps, Montjoye, Arrault, Lizé, de la Mothe aussy, tant à bled que à draps, et le moulin assis entre le pont de bois et Saint-Sébastien, et auront seulement en chacune des dites métayries, bordages et maisons dessus dits un étaigier franc et exempt des dits droits de prévosté, acquit, péage, et depry et en temps que touchent les autres sujets étaigiers de la dite ancienne fondation, ils feront acquit, et payeront droit de prévôté pour raison des choses dont ils feront marchandises, desquelles seroit deues par la coustume du pays droit de prevosté, et au regard des choses de leur creu ou qu'ils achepteront pour leurs vivres et provision, ils en feront depry seulement, non comprenant en cette présente exemption les sujets de mon dit seigneur l'abbé, demourant en la ville de Saint Callais au dedans des quatres barres, lesquels acquitteront et payeront le droit de prevosté comme autres sujets de la dite chastellenie non exempts. Touchant les différends des estalages du marché et de la halles de Saint Callais et au dedans des quatre barres dont étoit question pour certaines causes alléguées par les parties, appointé a été que on en quelque lieu que tienne le marché au jour de joudy qui est le jour ordinaire du dit marché de Saint Callais, ma ditte dame et mon dit seigneur l'abbé prendront les dits estallaiges chacun par moitié, fors que ma dite dame ne prendra rien des. estallages deubs celui jour par les sujets estagiers de mon dit seigneur l'abbé étant de l'ancienne fondation demeurans hors des dites quatre barres et lesquels en demeurent exempts vers ma dite dame soit en marché ou hors marché, en foires, ou autres

assemblées, et en quelques lieux que ce soit, au dedans de la
dite chastellenie, réservé que les dits sujets demeurants en la
dite ville du dit Saint Callais au dedans des dites quatre barres
qui iront étaller leur marchandises es halles et marché du dit
Saint Callais, et aussy ceux qui demeureront en tour les dites
halles et marché payeront le dit droit d'estallage à ma dite dame
et à mon dit seigneur l'abbé par moitié le dit jour de jeudy, et
mon dit seigneur l'abbé prendra le dit droit d'estallages pour le
tout sur les dits sujets estagers de la dite ancienne fondation
demourans hors les dittes quatre barres et aussy sur les dits
sujets de la ditte ancienne fondation demourans au dedans
d'ycelles barres, hors l'entour d'ycelles halles et marché, fors et
réservé comme dit est, que les demourans au dedans des dites
quatre barres qui iront estaller leurs marchandises es dites
halles et marché, payeront le dit droit d'estallage à ma dite dame
et à mon dit seigneur l'abbé par moitié, mais mon dit seigneur
l'abbé ne poura empêcher que ma dite dame contraigne ses
sujets demourans au dedans des dites quatre barres aller estaller
leurs marchandises le dit jour de jeudy, au dit marché et halles
du dit Saint Callais, mais expressément a été accordé et consenty
par mon dit seigneur l'abbé, et lesquelles quatre barres de la ditte
ville de Saint Callais s'estendent et se limitent, c'est a scavoir
du costé devers la forest du dit Saint Callais au carefour étant au
dessus du vieil marché du dit Saint Callais, prez la maison Denis
Hardillier, auquel carefour a deux chemins, l'un par lequel l'on
va du dit marché à Valainès, et l'autre par lequel l'on va du dit
marché à la forest de Saint Callais et à Rahay, l'autre au carefour
appellé le carefour de la Goberelle étant prez la maison de Pierre
Valdie, auquel carefour a deux chemins, l'un par lequel l'on va
du dit carefour à Montabay, et l'autre chemin par lequel l'on va
à l'Aubne, l'autre à un petit pont appellé le pont de la Galerne,
étant sur le grand chemin tendant de Saint Callais à Vy, et l'autre
en la rue de Bourgneuf à l'endroit d'une cave que fut feu Simmonet
Hemery et à Ambroise sa femme par laquelle rue l'on va de la
ville du dit Saint Callais à Conflans, et s'estend et limite la dite
ville de Saint Callais, du costé devers la ditte abbaye jusqu'à la
rivière d'Anille. Et entend que touche les estallages ou coustu-

mes petites que pouroient être dueus et à venir en soubz sep-
maines, fenestraiges et ouvertures domironers demeureront par
le tout à mon dit seigneur l'abbé au dedans de son fief de la ditte
ancienne fondation sauf les estallages du dit jour de jeudy qui
demeurent par moitié comme dit est, et touchant les halles de la
ditte ville de Saint Callais, mon dit seigneur l'abbé les tera faire
et édiffier et entretenir à ses dépends, et en suivant les accords
d'autres fois, et lesquelles halles seront faites au vieil marché du
dit Saint-Callais ou autre lieu qui sera avisé par ma dite dame
pour le bien de la chose publique pour en récompense du dit lieu
ou les dittes halles pourront être édifflées le dit vieil marché
sera baillé et au lieu nouvel où les dittes halles seront édifflées,
mon dit seigneur l'abbé prendra comme dessus est accordé, et en
ce que concerne le fait de la justice pour raison des sujets et
choses qui sont au dedans des dittes quatre barres de la
ville de Saint-Callais pour autant qu'il y en a du fief et seigneurie
de l'ancienne fondation de la ditte abbaye ou mon dit seigneur
l'abbé disoit ma ditte dame n'avoir juridicion, disant que c'étoit
son ancienne fondation, ou étoit dit au contraire par ma ditte
dame et en avoir joy et usé par telle et si long temps qu'il n'étoit
mémoire du contraire, et que sur ce anciennement avoit été fait
accord par lesquels la dite justice pour le tout luy étoit demeurée,
a été appointé que ma ditte dame et ses officiers auront la juridicion et connoissance sur les dits sujets demeurans au dedans
des dittes quatre barres en toutes causes, et matières civiles,
personnelles et criminelles sans ce que mon dit seigneur l'abbé
ne sa justice en puissent entreprendre aucune connoissance,
fors qu'il poura contraindre ses sujets pour raison du droit de
ban en sa juridicion, la suzeraineté duquel droit de ban demeure
à ma ditte dame, parceque le dit ban est tenu de ma ditte dame
pour autant qu'il se peut estendre au dedans des dittes quatre
barres, et en regard des autres actions, réelles, pocessohres et
mixtes, touchant les choses dessus dittes étants au dedans des
dittes quatre barres ou dit fief de la ditte ancienne fondation, les
sujets pourront faire convenir et poursuir l'un l'autre en la juridicion de chacun des dittes dame ou abbé où bon leur semblera,
ou quel cas prévention aura lieu, et respectivement chacunne des

dittes juriditions de ma dite dame et mon dit seigneur l'abbé en
poura connoitre et déterminer fors en ce qui poura concerner le
fait de l'obéissance de fief et les droits féodeaux et seigneuriaux
pour raison des dittes choses qui pour le tout demeure au dit
abbé et sa justice et la connoissance de tous retraits, et en tant
que touche les mesures à bled et à vin a été accordé que ma dite
dame ou son prevost les baillera aux sujets du dit abbé de la ditte
ancienne fondation au dedans des dittes quatre barres de la ditte
ville du dit Saint Callais tant seulement et en prendra le profit,
sans ce que le dit abbé ny ses officiers le leur puissent empêcher,
et au regard des autres sujets estagiers de la ditte ancienne fondation, non étant au dedans des dittes quatre barres anciennes
mon dit seigneur l'abbé leurs baillera mercs et mesures à bled et
à vin qu'il patronnera à soy mesme et en prendra le profit sans
que ma ditte dame y preine aucunes choses, et pourtant que
touche la rivière d'Anille et droits de pesche que ma dite dame
disoit luy competer pour le tout depuis le pont de Conflans tant
comme elle se peut poursuir tirant droit à Vy, ce que étoit con-
tredit par le dit abbé disant qu'elle luy appartenoit pour le tout,
quoy que ce soit depuis le moulin nommé le moulin Ars jusqu'à
l'assemblée des eaux qui est au dessous du moulin Lizé et qu'il
en était en pocession, a été appointé, traitté et convenu que la
ditte rivière et pescherie demourera totalement commune entre
eux par moitié, et néammoins poura le dit abbé édiffler, reparer,
muer ou changer moulin en et sur la ditte rivière, fors que au
dit abbé demourera pour le tout les biens, chaussées des dits
moulins et autres qu'il pouroit édiffler et pouront chacun d'eux
convenir en leur juridicion les delinquants et en auroient
l'amende par moitié, et pour tant que touche les sujets estagiers
de la dite ancienne fondation de l'abbaye demeurans hors les
dittes quatre barres de la ditte ville de Saint Callais demoureront
justisiables à mon dit seigneur l'abbé et luy en demourera la
juridition pour le tout fors es cas es quels le droit et la coutume
du pays veullent et permettent que juridicion voisine en connoisse
et détermine, et à semblable poura le dit abbé faire des sujets de
ma dite dame pour sa justice. Ces présents accords faits et
accordés sans préjudicier ny desroger à autres accords ancienne-

ment faits entre mes seigneurs les prédécesseurs de ma dite
dame seigneure de la dite chastellenie de Saint Callais, et mes
seigneurs les prédécesseurs de mon seigneur l'abbé et religieux
d'ycelle abbaye, lesquels accords anciens en autres choses non
contenues en ces présens articles demeurent en leur force et
vertu en touts points et articles, et pour ce que autrefois par cy
devant les dits religieux abbé et convent du dit Saint Callais ou
leurs prédécesseurs ont baillé atourné à la justice et seigneurie
du dit Saint Callais, Colin Givray pour et au nom d'eux faire la
foy et hommage qu'ils doivent à ma dite dame à cause de sa terre
et seigneurie du dit Saint Callais pour raison de leur terre et
seigneurie de la Viellerie à eux appartenant au profit du convent
de la ditte abbaye, a été accordé à la requeste et faveur des dits
religieux abbé et convent que la tradition du dit Givray comme
homme atourné pour eux pour faire le dit hommage demourera
et demeure nulle pour le temps à venir, et que au lieu du dit
atourné, mon dit seigneur l'abbé et autres ses successeurs abbés
de la dite abbaye feront et porteront dorsenavant la dite foy et
hommage de la ditte seigneurie de la Viellerie, et à ycelle faire et
bailler par advou seront reçus, et que tous et chacuns les ajour-
nemens et assignations et autres exploits de justice qu'il con-
viendra faire pour madite dame, ses successeurs et ayants
causes seigneurs du dit Saint Callais pour raison et à cause du
dit lieu de la Viellerie baillée à la personne de l'abbé de la ditte
abbaye ou du procureur du convent d'ycelle vaudront et seront
d'un tel effet et valeur, comme s'ils étoient baillés à la personne
d'un atourné présenté et ordonné pour les dits religieux abbé et
convent de la ditte abbaye pour faire les dits foy et hommages,
et que yceux exploits de justice soient faits en la ditte abbaye, ou
ailleurs, où bon semblera à ma dite dame et ses dits successeurs
sans pour ce faire demander aucune obéissance, et que ma ditte
dame ou ses dits successeurs seigneurs de la ditte seigneurie de
Saint Callais aura et prendra droit de rachapt tel qu'il appartient
par la coutume du pays sur et pour raison de la ditte terre et
seigneurie de la Viellerie à mutation par mort de chacun abbé de
la ditte abbaye qui fera ou doivera faire la dite foy et hommage

nonobstant que lors de son deceds autre fut pourvus de la ditte abbaye, et tout ainsy et en la manière qui seroit deue par un homme baillé pour atourné par les dits religieux pour faire la ditte foy et hommage, et tout ce que dit est ma ditte dame tant pour elle que pour ses successeurs et ayants causes, seigneurs de la dite seigneurie de Saint Callais, et le dit révérend Jean Ronsart abbé de la ditte abbaye de Saint Callais, et vénérable et discret frère Mathurin Rochereau, prestre, religieux, secretain et procureur général des dits religieux et convent de la ditte abbaye à ce présent ont promis tenir et accomplir de point en point sans jamais aller ne venir en contre et ont les dits révérends et Rochereau es dits noms, promis et promettent faire ratifier et avoir agréable le contenu en ces présentes aux dits religieux et convent de la ditte abbaye et en bailler à ma ditte dame lettres de ratification faite et passée au chapitre général de la ditte abbaye signée de leur secrétaire et scellée de leurs sceaux qui seront annexées à ces présentes dedans la Toussaint prochain venant à leurs dépens et quant à ce ont obligé et obligent, scavoir est, ma ditte dame, ses dits successeurs et ayants causes, seigneurs de la ditte seigneurie de Saint Callais, et les dits révérends et Rochereau, eux et leurs successeurs en la ditte abbaye avec tous et chacuns leurs biens, meubles et immeubles, présents et à venir, dont à leur requeste et de leur consentement ont été par nous jugés. Ce fut fait et passé en la cour de Saint Callais, en laquelle les dites parties se sont soubmises et obligées, et tous leurs dits biens quant a tenir et avoir ferme, establo et agréable, tout le contenu en ces présentes sans jamais aller encontre, ès présence de honorable homme et seigo maistre Nicolas Corbin, licentié ès loix, bailly de Vendosmois, noble homme maistre Michel de Chorbey, trésorier de Vandomois, Jean de St-Gy, aussi licentié ès loix, lieutenant général de Vandomois, Jean Gilles procureur de Saint Callais, Bertherand de Saint Meloir, receveur du dit Saint Callais, et maistre Jean Bautru, chastellain de Mondoubleau, le quatrième jour de juillet, l'an mil cinq cent et onze, ainsy signé, Vaumour et Aubry, et scellé en double queue de ciré verd.

37. — RATIFICATION ET DÉCRET DU CHAPITRE.

1512.

A tous ceux qui ces présentes lettres verront, nous Jean, humble abbé de l'abbaye et monastère monseigneur saint Callais de l'ordre de Saint Benoist ou diocèze du Mans, et tous les relligieux et convent d'ycelle abbaye, salut. Scavoir faisons que nous congregés et assemblés ou chapitre général de notre ditte abbaye au son de la campanne pour voir traitter et délibérer des affaires et négoces d'ycelle abbaye ainsy que en tel cas est requis, et que avons accoustumés de faire, nous pour le bien, proffit, utilité de notre ditte abbaye, avons d'un commun accord et assentement loué, ratiffié, et approuvé, et par ces présentes louons, ratifions, et approuvons les traittés, accords, et appointemens faits entre très haulte et puissante princesse, et notre très redouptée dame, madame Marie de Luxembourg, comtesse de Vandomois et de Saint-Pol, de Marle, de Conversan, et de Soissons, vicomptesse de Meaux, dame d'Oisy, d'Espernon, de Luccu, de Ham, de Bohaing, de Beaurevoir, de Dunkerke, de Bourgbourg, de Gravelinghes (Gravelines), de Tonnelieux, de Bruges, chastelaine de l'Isle (Lille) et dame de la chastellenie terre et seigneurie de Saint Callais, d'une part, et nous abbé dessus dit, et frère Mathurin Rochereau prestre, ou nom et comme procureur de nous relligieux et convent de la ditte abbaye, d'autre part, touchant plusieurs débats et différends meus et espérés mouvoir entre ma ditte dame et nous, pour raison de plusieurs droits, et autres choses, prétendus par ma ditte dame, à cause de sa ditte chastellenie de Saint Callais, et aussy par nous a cause de notre ditte abbaye à plein spécifiés, et déclarés ès lettres des dits accords et appointemens passés en la cour de Saint Callais le quatrième jours de juillet de premier passé par maistre Lommer Vaumour, et Pierre Aubry, notaire d'ycelle cour, dont avons fait lecture de mot à mot, en notre dit chapitre auxquelles ces présentes sont annexées, jointes, et selon le contenu en yceux accords, et appointemens, et promettons tant pour nous que pour nos successeurs en la ditte abbaye, yceux accords et appointe-

mens tenir, entretenir, et accomplir de point en point selon leur
forme et teneur, sans jamais aller ne venir en contre, en aucunne
manière ; et quant à ce, avons obligé et obligeons à ma dite dame,
ses successeurs et ayants cause, nous et nos successeurs en la
ditte abbaye, et tous et chacun les biens, meubles, et immeubles
d'ycelle abbaye présens et à venir, en témoins de ce nous avons
faits signer ces présentes à notre secrétaire, et scellées des
sceaux de notre ditte abbaye. Ce fut fait le second jours du mois
de juillet, l'an mil cinq cent et doze ; ainsy signé par le comman-
dement de mes dits seigneurs, Huart, et scellées de deux sceaux
en cire vert sur double queue.

38. — PROCEZ VERBAL DE LA TRANSLATION DES RELIQUES DE
SAINT CALLAIS PAR MONSEIGNEUR LESCOT, ÉVESQUE DE CHAR-
TRES FAISANT LA VISITE EN LA CHAPELLE SAINT CALLAIS DU
CHATEAU DE BLOIS (1653), DANS LEQUEL IL FAIT MENTION D'UNE
AUTRE TRANSLATION FAITE EN 1171.

1171

L'an mil six cent cinquante trois, le dimanche vintunième
jours de septembre, jour et feste de saint Mathieu apostre, à
quatre heures aprez midy, Nous Jacque Lescot par la grâce de
Dieu et autorité apostolique, evesque de Chartres, conseiller du
roy en ses conseils, accompagné de vénérables et circonspectes
personnes Mes Blaise Le Feron, prestre, docteur en théologie de
la maison et société de Sorbonne, chanoine et archidiacre de
Dunois en notre église cathédralle de Chartres, abbé de Saint
Laumer de Blois, notre official et vicaire général, Philippes de
Cugnac d'Imonville, prestre, licentié es loix, chanoine et archidiacre de Blois, en la ditte église de Chartres, Pierre Martin, prestre, licentié es droit, prieur de Lucé, et notre promoteur, et de
maistre Gilles Ravet, advocat en parlement et notre secrétaire
ordinaire, continuant notre visite es églises de la ville de Blois
en notre diocèze, nous sommes transportés en l'église de saint
Callais appellée la sainte chapelle du château du dit Blois, à
l'entrée de laquelle avons été receus par vénérable et religieuse

personne, frère Martin Batailler, prestre, chanoine régulier en l'abbaye de Notre-Dame de Bourgmoien du dit Blois, prieur du dit Saint Callais, et un des membres d'ycelle abbaye, lequel Batailler nous a présenté l'étolle, l'eau bénite et la croix et aprez la visitte faitte de la ditte chapelle en la présence de monseigneur Gaston, duc d'Orléans, de Vallois et de Chartres, comte du dit Blois, oncle du roy, de madame Margueritte de Lorraine son épouse, et de plusieurs ecclésiastiques, seigneurs, gentilhommes, et autres personnes de qualité et condition qui étoient en grand nombre, avons été requis par mon dit seigneur et ma ditte dame de faire ouverture d'une vieille châsse qui étoit en la dite chapelle pour transférer les reliques qui y étoient, en une autre châsse faitte à cet effet, ce qu'ayant été par nous accordé à leurs altesses royalles, nous revêtus de nos habits et ornemens pontificaux, et ayant invoqué le Saint-Esprit par l'hymne Veni Creator Spiritus, chanté solemnellement et avec cérémonies pratiquées et requises en pareille action, avons faits la bénédiction de la ditte nouvelle châsse, et ensuite fait ouverture de la ditte vieille sur laquelle étoient quelques figures de Notre Seigneur au milieu, et à côté droit la figure de saint Callais vêtu d'un habit monastique, présentant une couppe à un roy, et à côté gauche la mesme figure de saint Callais assis dans une grotte, et à ses pieds un bufle couché, dans laquelle vieille châsse avons trouvé un sac de cuir bien fermé où il y avoit quelques ossemens enveloppés d'une estoffe de soye façonnée et sur ycelle un parchemin dans lequel étoit écrits ces mots; Ego Willelmus Dei gratia Senonensis archiepiscopus, apostolicae sedis legatus, transtuli partem ossium beati Carilefi octavo calendas septembris, regnante Ludovico filio Ludovici senioris, anno aetatis domini Philippi filii ejus sexto, praesidente castro Blesi Theobaudo comite, filio Theobaudi viri bonæ memoriæ comitis senioris; factum est hoc, anno Incarnationis Domini millesimo centesimo septuagesimo primo. Lequel écrit étoit muny d'un sceau de cire enlassé de soye jaune ayant un image en forme d'un évesque assis autour duquel étoient ces mots, Sigillum Willermi archiepiscopi. Plus a été ouverte une autre châsse sur laquelle étoit dépeint en vieille peinture un prestre sacrifiant et derrière luy un bourreau tenant une espée

levée, et avons trouvé en la ditte châsse un sac de toile dans
lequel étoient plusieurs ossemens et en autres un chef en plusieurs parties, avec un linge plié, et renfermé d'une bande de
parchemin sur lequel étoient écrits ces mots. Super hoc linte-
amen stilla cecidit sacramenti, et au fond du sac par les ossemens
un billet en parchemin contenant ces mots. Hic requiescit corpus
sancti Lucii martiris Christi. Plus a été ouverte une autre châsse
sans peinture ny figure dans laquelle nous avons trouvé deux
sacs de toile, et dans l'un d'yceux plusieurs ossemens avec un
billet contenant ces mots : Membra sancti Bezorii, et dans l'autre
quelques ossemens aussy avec un billet contenant ces mots :
Hic requiescit corpus sancti Barachii. Il est probable qu'il y avait
Barachisii, mais comme le billet est rongé et mangé par le bout
il ne reste plus que Barachi : Toutes lesquelles reliques étant
encore dans leurs sacs, nous les avons mises dans trois grandes
bassines d'argent, et ycelles diligemment par nous visitées avec
leurs titres et inscriptions, et aprez montrées et représentées à
descouvert à leurs dittes altesses royalles, toute leur cour, et
grand nombre de personnes de toutes conditions qui ont fait
paroistre une grande dévotion faisants toucher aux dittes saintes
reliques grand nombre de croix, chappelets, médailles et autres
choses semblables ce qui nous auroit donné sujet de faire un
discours sur la vénération des saintes reliques et lecture ensuitte
tout haut des dits titres et inscriptions, ce qu'étant fait, nous
avons mis avec grand respect et vénération les dittes reliques
dans de nouveaux sacs de cuir couverts et ornés de taffetas
isabel et de cordons avec leurs houppes de soye de la mesme
couleur, et tous les dits sacs avec les cendres trouvées dans
toutes les vieilles châsses mises dans un ancien sac de cuir
fermé d'un vieil cadenas où a été par nous mis dans la nouvelle
châsse avec inscriptions et procez-verbal en parchemin signé de
nous et scellé de notre seel, ce qu'étant fait, la ditte nouvelle
châsse a été par nous fermée en la présence des dits assistans,
laquelle cérémonie a été terminée par l'hymne Te Deum lauda-
mus, et par notre bénédiction épiscopale, et pour augmenter la
dévotion des fidelles, nous permettons de faire la feste des saints
susdits en la ditte chapelle pour l'office sub ritu duplici. Et avons

concédé et accordé quarente jours d'indulgences à ceux et celles qui aprez s'estre confessé et avoir faits une bonne et sainte communion, visiteront la ditte chapelle os dits jours et festes de saint Callais, saint Lucius, de saint Besoir et de saint Barachisius et la translation des dittes reliques et dédicasse de la ditte église ou chapelle, et y feront prières à Dieu. Fait et arresté les ans et jours que dessus, en foy de quoy, nous avons signés le présent procez verbal, fait contresigner par notre secrétaire et sceller de notre sceau.

Nos Jacobus Lescot Dei gratia et authoritate apostolica Carnotensis episcopus, in præsentia serenissimi principis domini Gastonis ducis Aurelianensis et Carnotensis, comitis Blesensis ac Ludovici decimi quarti Francorum et Navarræ regis christianissimi patrui, serenissimæ principis ejus uxoris, reverendi viri magistri Blasii Le Feron præsbyteri, doctoris theologi Sorbonici in eclesia nostra Carnotensi, canonici et archidiaconi Dunensis, abbatis sancti Launomari Blesensis, necnon officialis ac vicarii nostri generalis, venerabilium et circonspectorum virorum magistrorum Philippi de Cugnac D'Imonville presbyteri, jurium Licentiati, archidiaconi Blesensis, et canonici in dicta Carnotensi eclesia, Petri Martin, promotoris nostri, fratris Martini Batailler, prioris sancti Carilephi, fratris Johannis Grasset, prioris sancti Solemnis, et aliorum eclesiasticorum religiosorum et clarissimorum virorum in eclesia seu capella sancti Carilephi in castro Blesensi fundata, nobiscum existentium, anno incarnationis dominicæ millesimo sexcentesimo quinquagesimo tertio, die dominica, vigesima prima mensis septembris, transtulimus partem ossium sancti Carilephi confessoris, membra sancti Bezorii, corpus sancti Barachi martiris, corpus sancti Lucii martiris, ac cineres sancti Igriatii, et aliorum sanctorum, et in capsa ubi erant recondita prædicta ossa sancti Carilephi, nos episcopus Carnotensis, reperivimus brevicatum quoddam in pergameno descriptum, sanum et integrum hujusmodi sub tenore.

Ego Willelmus, Dei gratia Senonensis archiepiscopus et apostolicæ sedis legatus, transtuli partem ossium beati Carilephi, octavo calendas septembris, regnante Ludovico filio Ludovici senioris, anno ætatis domini Philippi filii ejus sexto, præsidente

castro Blesi Theobaudo comite, filio Theobaudi viri bonæ memoriæ comitis senioris. Factum est hoc anno incarnationis dominicæ
millesimo centesimo septuagesimo primo, sic signatum in minuta
Jacobus episcopus Carnotensis et inferius, de mandato, Ravet (1).

RAVET (avec paraffe).

(1) En 1792, sur la demande de M. Bossé, curé constitutionnel de Saint-Calais,
l'abbé Grégoire, évêque constitutionnel de Blois, autorisa le transfert des reliques du saint abbé, dans la ville dont il est le fondateur. Cfr. un extrait du
procès-verbal, dressé à cette occasion, et publié par M. Mégret-Ducoudrais, dans
la brochure intitulée : *Légende de Saint-Calais*, p. 46.

TABLE ALPHABÉTIQUE

DES NOMS DE PERSONNES ET DE LIEUX, CONTENUS DANS
LES CHARTES (1).

A

Abbo, abbas, 31.
Abo, monachus, 51.
Abrencatensis, episcopus, 30.
Actardus, episcopus, 31, 37, 39.
Adalardus, abbas, 31.
Adalardus, comes, 39, 40.
Adalgysus, abbas, XI, 21.
Adalunascus, 40.
Aelis do Nöel, 60, 61, 62.
Agius, episcopus, 30, 39.
Alricus, comes, 40.
Albolnus, abbas, XI, 23.
Albolnus, comes, 40.
Aldricus, advocatus, 83.
Aldricus, episcopus, XI, XII, 33, 39.
Aluctis (medietaria do), 57.
Amalaricus, episcopus, 30.
Amblanensium episcopus, 30, 38.
Andegavensis, episcopus, 31, 37.

Aquisgrano (Aquilée), 22, 23.
Aquitania, 2.
Arbertus, comes palatii, 40.
Archamboldus, abbas, 31.
Archanrausus, episcopus, 39.
Archidiacre do Blois, 84, 87.
Archidiacre de Dunois, 84, 87.
Arduinus, comes, 40.
*Arestalio (Héristal, province de Liège,
Belgique)*, 14.
Arrault, moulin, 77.
Ars, moulin, 80.
Aubry, Pierre, notaire, 82, 83.
Aubue, 78.
Augustricorum episcopus, 32.
Aurelianensis, episcopus, 30.
Autissiodorensis, episcopus, 30, 32.
Avitus, V, VII.
Axonia, 3, 4.

B

Bailli do Saint-Calais, 73.
Bailli de Touraine, 84.
Bailli de Vendômois, 82.

Baillou (Loir-et-Cher), 52, 53.
Bajocensis, episcopus, 30, 32.
Balduinus de Rupibus, miles, 52.

(1) Les noms de lieux sont imprimés en italique.

7

D

E

M

N

O

MAMERS. — TYP. G. FLEURY ET A. DANGIN. — 1888.

ERRATA

Page 1, ligne 5, au lieu de VIe siècle, lise: Ve siècle.
Page 2, ligne 23, au lieu de Bonneveau, lise: Bonnevau.
Page 1, note 2, au lieu de Mattowal, lise: Matoval.

www.ingramcontent.com/pod-product-compliance
Lightning Source LLC
Chambersburg PA
CBHW051738090426
42738CB00010B/2317